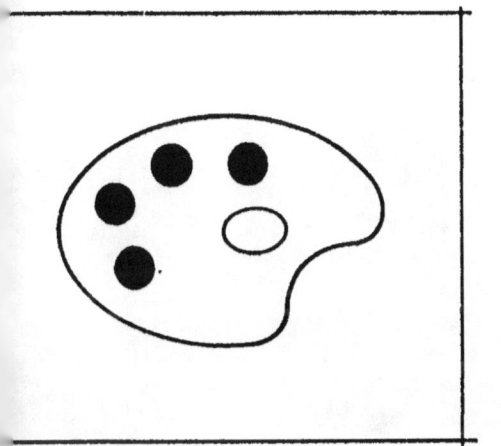
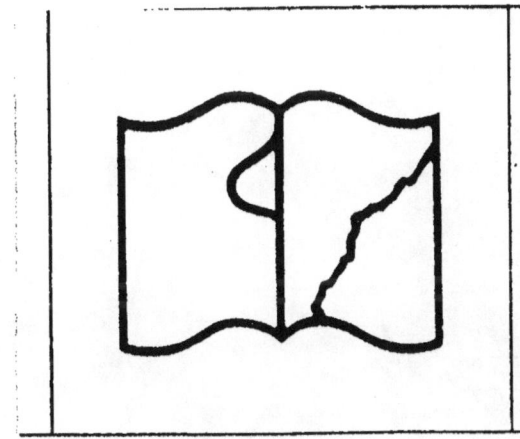

ALPHONSE LEVEAUX

NOS THÉATRES
DE 1800 A 1880

LA TRAGÉDIE, LE DRAME, LA COMÉDIE,
L'OPÉRA FRANÇAIS, L'OPÉRA ITALIEN, L'OPÉRA COMIQUE,
LE VAUDEVILLE, LES BALLETS,
L'OPÉRETTE, LA FÉERIE, LES REVUES, LA PARODIE,
LA PANTOMIME

PARIS
TRESSE ET STOCK, ÉDITEURS
8, 9, 10, 11, GALERIE DU THÉATRE-FRANÇAIS
PALAIS-ROYAL
—
1881-1886
Tous droits réservés.

8° Yf
27

CE VOLUME N'A ÉTÉ TIRÉ QU'A 200 EXEMPLAIRES
TOUS NUMÉROTÉS A LA PRESSE.

NOS THÉATRES
DE 1800 A 1880

DU MEME AUTEUR

Le Théâtre de la Cour à Compiègne pendant le règne de Napoléon III. . 1 vol.
Etudes sur les Essais de Montaigne. . 1 —
Les Lectures de l'oncle Robert. . . . 1 —
De la Poésie dans les Fables de la Fontaine 1
Etude sur Molière, 29 p. in-8°.
Les Premières de Molière, 29 p. in-8°.
L'Enseignement moral dans les Comédies de Molière . . . . 1 —
Italie et Sicile, journal d'un touriste . 1 —

THÉATRE

En collaboration avec Eugène Labiche :

Le Fin Mot, vaudeville, 1 acte
Un Ami acharné, vaudeville, 1 acte.
Le Baron de Fourchevif, comédie, 1 acte.
La Grammaire, comédie-vaudeville, un acte.

ALPHONSE LEVEAUX

NOS THÉATRES

DE 1800 A 1880

LA TRAGÉDIE, LE DRAME, LA COMÉDIE,
L'OPÉRA FRANÇAIS, L'OPÉRA ITALIEN, L'OPÉRA COMIQUE,
LE VAUDEVILLE, LES BALLETS,
L'OPÉRETTE, LA FÉERIE, LES REVUES, LA PARODIE,
LA PANTOMIME

PARIS
TRESSE ET STOCK, ÉDITEURS
8, 9, 10, 11, GALERIE DU THÉATRE-FRANÇAIS
PALAIS - ROYAL

1881-1886
Tous droits réservés.

La France est le pays où le goût du théâtre est le plus répandu. Elle possède les meilleurs auteurs dont les productions, après s'être fait connaître à Paris, alimentent les scènes de province et sont, en assez grand nombre, traduites pour l'étranger, quand elles n'y sont pas représentées en langue française, comme en Russie, par exemple. Le théâtre entre pour beaucoup dans les causeries du monde. On pourrait même lui savoir gré de lutter souvent sans désavantage avec la politique qui tend à tout absorber. Que de bonnes soirées passées au spectacle et quelle agréable distraction nous donne une pièce bien jouée par des acteurs de talent! Il est peu de personnes qui restent insensibles à ce genre de divertissement. On peut encore remarquer qu'il laisse un souvenir plus durable que bien d'autres incidents de la vie. Après dix et vingt ans, quand on a oublié une foule de choses, on se souvient parfaitement d'une comédie qui a fait plaisir et l'on en cite volontiers quelques traits heureux.

Le théâtre est partout; mais le centre, le siège général, c'est Paris. On pourrait dire que pour le théâtre, Paris est la capitale du monde entier. C'est le grand pourvoyeur, c'est l'inépuisable marché où la Russie, l'Angleterre, l'Amérique, l'Espagne viennent faire leurs provisions. Et non seulement elles nous empruntent nos pièces; mais souvent aussi elles nous prennent nos bons comédiens, nos étoiles qu'elles décident à force d'offres magnifiques. Passe encore quand ce n'est que pour un temps limité. Mais quand elles les gardent, c'est bien pire. Nous avons perdu ainsi pendant bien des années Melle Delaporte qui serait devenue peut-être la meilleure actrice du Théâtre Français, si elle y avait été engagée il y a quinze ans. Rachel est allée en Amérique détruire sa santé déjà compromise.

Je me propose ici de présenter, dans une revue sommaire, le mouvement théâtral qui s'est produit depuis le commencement du siècle et les modifications que le goût si variable du public a fait subir à différents genres. Ces modifications sont sensibles presque d'année en année; mais après une longue durée de temps c'est un changement tel que les pièces qui datent, même parmi celles qui ont eu le plus de succès, deviennent impossibles à la représentation, et comme on ne les lit pas, sauf de rares exceptions, elles finissent, après avoir attiré la foule, par être complètement oubliées.

On s'imagine à tort que les auteurs impriment une direction au goût du public. C'est le contraire. Les auteurs n'amènent pas le public vers eux. Ils vont au devant de lui, l'étudient, le consultent et lui servent ce qui lui plaît. Le succès est là et avant tout il faut réussir. Il est donc une vérité que l'on voudrait ne pas reconnaître, mais qui n'en est pas moins incontestable, c'est que le public est le maître et qu'on ne peut se dispenser d'obéir même à ses caprices. Sans doute il n'est pas impossible à un homme de génie de se soustraire à cette sorte de servitude. Il innove et s'impose. Souvent aussi le succès se fait attendre. Il reste longtemps incompris et meurt avant que la célébrité s'attache à son nom.

Loin de moi d'offrir ce livre au lecteur comme une œuvre de critique; il n'a pas cette prétention. J'ai pensé qu'il pouvait simplement rappeler d'agréables souvenirs et donner lieu à des observations comparatives qui ne m'ont pas semblé dénuées d'intérêt. Et puis il est court et, à ce titre, il m'est permis d'espérer qu'on le lira sans ennui.

Octobre 1881.

NOS THÉATRES

DE 1800 A 1880

CHAPITRE PREMIER

La Tragédie. Le Drame.

I

Depuis le commencement du 19ᵉ siècle, la Tragédie n'a été l'objet d'un empressement durable du public, que quand elle a eu pour interprètes des talents supérieurs. Jusqu'en 1826, Talma vit la foule accourir à ses représentations. Son dernier triomphe fut le rôle de Charles

VI dans la tragédie de ce nom, de M. Alex. De La Ville. Il mourut peu de temps après (1). Dix ans plus tard, Rachel n'obtint pas moins de succès; mais parmi les tragédies qui furent privées du concours de Talma ou de Rachel, il en est peu, anciennes ou nouvelles, qui aient triomphé de l'indifférence du public pour un genre qui, il faut bien le dire, appartient un peu trop aux traditions du passé.

---

(1) J'ai vu Talma dans presque tout son répertoire et je me souviens, comme si cela datait d'hier, de son entrée dans *Britannicus*, au 2ᵉ acte:

N'en doutez pas, Burrhus, malgré ses injustices....

La marche était rapide, le geste brusque, la parole impérieuse, pleine de menace et de colère. Il y avait du sang et des supplices dans cette colère terrible de Néron. La salle entière éclatait en plusieurs salves d'applaudissements.

J'ai lu dans les mémoires du temps que c'était aussi une des plus belles entrées du grand tragédien Lekain.

II

Nous pourrions citer toutefois comme de très honorables exceptions, *les Vêpres siciliennes* de Casimir Delavigne, qui furent données en 1819 pour la réouverture de l'Odéon; *Marino Faliero*, joué en 1829 à la Porte St-Martin; *Louis XI*, en 1832 aux Français, et au même théâtre, *les Enfants d'Edouard* en 1833. Ancelot eut aussi d'estimables succès avec *Louis IX* (1819) aux Français et *Fiesque* (1834) à l'Odéon. Mais déjà dans plusieurs de ces ouvrages on voit l'intention d'ôter à la tragédie ce qu'elle a de convenu, de la délivrer de ses liens trop étroits avec la tradition et de la fusionner quelque peu et sans témérité, avec le drame. M. Lebrun fit en 1828 une tentative de ce genre qui ne fut pas heureuse. Sa tragédie du *Cid d'Andalousie* ne fut jouée que quatre fois. Le souvenir du grand succès de *Marie Stuart* en 1820 dût adoucir ce que ce rude échec avait de douloureux. M. Lebrun eut toutes les plus belles chances avec *Marie Stuart* qui est simplement une habile imitation de Schiller. Il avait eu en 1820 Talma pour le rôle de Leycester, et vingt ans plus tard le rôle de Marie Stuart plut à Rachel qui le joua souvent. L'auteur était loin de s'attendre à une si brillante reprise de sa pièce.

III

Mlle Elisa Rachel Félix débuta en 1837 au Gymnase dans *la Vendéenne*, drame en deux actes, où elle fut peu remarquée. L'année suivante elle entra aux Français et parut pour la première fois dans *les Horaces*. Elle joua ensuite Emilie dans *Cinna*, Hermione dans *Andromaque*, Roxane dans *Bajazet*. C'était en été et les recettes étaient très faibles. On ne dépassait guère 500 francs avec Andromaque. Rachel avait à peine 18 ans. Ses débuts au Gymnase où elle avait joué

Mme Pinchon du *Mariage de raison* ne l'avaient pas mise en évidence et depuis bien longtemps la tragédie était délaissée. Mais le succès vint peu à peu, par gradations et prit en quelques mois de grandes et légitimes proportions. L'hiver suivant vit une suite de triomphes pour la jeune tragédienne. Je l'ai souvent admirée dans Phèdre, Hermione, Roxane, Camille et Pauline de *Polyeucte*. Sa diction était la perfection même. Elle excellait dans l'ironie. Le geste, l'attitude respiraient la statuaire antique. Elle fit quelques heureuses incursions dans le drame, et *Adrienne Lecouvreur* devint un de ses rôles préférés. Elle n'en avait pas voulu d'abord et l'un des auteurs de la pièce, M. Legouvé a spirituellement raconté les tribulations de cette pauvre Adrienne avant d'entrer au théâtre. Ces souvenirs, lointains déjà, sont comme un rêve. Personne n'a remplacé Rachel. On ne s'en est que trop aperçu quand plusieurs de ces rôles ont été repris imprudemment par des comédiennes de talent que je ne veux pas nommer.

IV

Vers 1844, alors que, grâce à l'incomparable talent de Rachel, un retour heureux à la tragédie s'était opéré, un auteur de mérite y contribua pour une très honorable part. Je veux parler de la *Lucrèce* de Ponsard. Il réussit moins avec *Agnès de Méranie* qui renferme de grandes beautés, mais où l'action fait défaut.

On peut croire que le temps de la tragédie est passé. On n'en fera plus; seulement les chefs-d'œuvre de Corneille et de Racine seront maintenus au répertoire, comme d'impérissables modèles de poésie dramatique et comme un hommage dû aux plus hautes gloires de la littérature française.

V

Si la tragédie classique emprunta beaucoup aux Grecs et aux Latins, le drame moderne fit de même avec les Anglais et les Allemands, Schiller surtout. Le *Cromwel* de Victor Hugo ouvrit la marche et fut comme une déclaration de guerre à l'ancienne école. Puis parurent devant le public, avec des succès plus ou moins contestés, *Hernani, Marion Delorme, Lucrèce Borgia, Marie Tudor*. Il n'y eut que des applaudissements pour *Ruy Blas* joué admirablement par Frédéric Lemaître.

Victor Hugo tient la tête. Mais de belles places ont été prises après lui par Alexandre Dumas, Alfred de Vigny, Frédéric Soulié et d'autres encore.

Ici ce n'est plus comme dans l'ancienne tragédie. Prose et vers vont de pair et la poésie s'efface devant les situations violentes et les brutales franchises d'un dialogue à qui le vers convient moins que la prose. Il est juste pourtant de faire exception pour quelques œuvres d'un sentiment poétique élevé comme *Hernani, Marion Delorme, le Roi s'amuse.* Le mauvais goût y fait tache parfois. Mais Victor Hugo n'en est pas moins l'un des premiers, sinon le premier poète de notre temps. Nous remarquons dans son théâtre la puissance du souffle, l'entente de la situation et l'effet du contraste porté même jusqu'à l'abus.

Après lui je vois peu de poètes pour le drame, peut-être l'auteur de *la Conjuration d'Amboise*, Louis Bouilhet et celui de *la Fille de Roland*, Henri de Bornier. Je sais bien qu'Alexandre Dumas père, que j'aime beaucoup, a écrit des drames en vers *Christine à Fontainebleau, Charles VII chez ses grands Vassaux,* un *Caligula* que le public a mal accueilli. Ces pièces sont loin d'être sans mérite. Mais la vraie poésie ne s'y trouve pas. C'est plus haut qu'il faut atteindre pour nous en faire respirer le parfum. Sinon, prose ou vers, c'est à peu près la même chose, seulement je préfère la prose.

VI

Elle serait longue la liste des drames en prose qui depuis cinquante ans ont plus ou moins réussi, comme *Henri III, Antony, la Tour de Nesle, Richard Darlington, Angèle* d'Alexandre Dumas père; *Glénarvon, les Sept Infants de Lara,* de Félicien Mallefille; *la Closerie des genêts,* de Frédéric Soulié; *Gaspardo le Pêcheur, le Sonneur de St-Paul, Lazare le Pâtre* de Joseph Bouchardy; *la Fille du Paysan, l'Aïeule, les Deux Orphelines* d'Adolphe Dennery et, il y a peu d'années encore, *Patrie* de Victorien Sardou.

En remontant au commencement du siècle, j'aurais à citer un de nos plus féconds mélodramaturges, Guilbert de Pixérécourt, qui a fait le *Mont-Sauvage, le Monastère abandonné, la Chapelle des Bois, la Tête de Mort, la Fille de l'Exilé,* et plus de sièges que bien des

Maréchaux de France, *le Siège de Montgatz, le Siège de Nancy, le Siège de Novare*. N'oublions pas Victor Ducange qui a donné *Calas* en 1819, *Thérèse* en 1820, *Lisbeth* en 1823, trois grands succès de ce temps-là. Un peu plus tard nous voyons figurer sur les affiches de drames des noms qui, sans avoir brillé d'un vif éclat, ont cependant recueilli de nombreux succès, Antony Béraud, Alboise, Fontan, Michel Masson, Benjamin Antier, l'un des auteurs de *l'Auberge des Adrets*, Paul Foucher, Cormon et, pour finir, mais en omettant bien des noms, Anicet Bourgeois, l'un des plus habiles, moins pourtant que Dennery, leur maître à tous dans l'art de charpenter un drame et de créer les situations les plus émouvantes.

VII

Il faut convenir que le progrès a été grand depuis de Pixérécourt jusqu'à Dennery, depuis l'ancien mélodrame où la musique accompagnait les entrées et les sorties, probablement pour réveiller le public qui s'endormait, où le niais poltron était l'un des personnages indispensables de la pièce, où l'on trouvait des phrases comme celle-ci, par exemple, dans *la Forêt périlleuse*, un des types les plus purs du genre : « Venez, chère Camille ; allons remercier le ciel d'avoir puni le crime et sauvé l'innocence. »

Nous n'en sommes plus là. Le niveau s'est élevé. Des œuvres de talent dégagées de l'emphase et des niaiseries qui abondaient dans l'ancien mélodrame ont été offertes au public de l'Ambigu, de la Gaîté et de la porte St-Martin. Et, à vrai dire, de ces drames habilement faits, comme plusieurs que je viens de citer, à certaines pièces représentées depuis quelques années au Théâtre Français, la distance n'est pas aussi grande que tout d'abord on se l'imagine.

VIII

Dans cette revue rapide les principaux interprètes des drames qui ont eu d'éclatants succès ne sauraient être oubliés. Moins heureux que les auteurs, il ne reste plus rien après eux qu'un souvenir qui pâlit et s'efface avec le temps. Moi-même, je chercherais en vain dans ma mémoire le nom de plus d'un que j'ai vivement applaudis. Aussi, tout en me reprochant quelques regrettables omissions, je me bornerai à parler de quatre célébrités qui, dans leurs jours de gloire fugitive, ont partagé avec les auteurs les applaudissements du public. Ce sont Frédéric Lemaître, Bocage, Mlle Georges et Mme Dorval. *La vie d'un Joueur* nous rappelle Frédéric et Mme Dorval ; *Antony* Bocage et Mme Dorval ; *La Tour de Nesle*, Bocage et Mlle Georges. C'était là de remarquables représentations. Mais combien de rôles ne faudrait-il pas ajouter au compte de ces artistes éminents ! Mlle

Georges était très belle dans *Lucrèce Borgia*, *Marie Tudor* et *la Maréchale d'Ancre*. Mᵐᵉ Dorval, dans le court séjour qu'elle fit aux Français se montra tout à fait admirable dans le rôle de Ketty Bell du *Chatterton* d'Alfred de Vigny et dans *Angelo* elle était rappelée chaque soir plusieurs fois avec Mˡˡᵉ Mars. Toutes deux le méritaient. Mais c'était à Mᵐᵉ Dorval que s'adressaient les bravos les plus chaleureux. Mˡˡᵉ Mars qui n'avait jamais passé pour une bonne camarade, était furieuse. Bocage et Frédéric auraient droit à quelques pages consacrées à l'analyse de leur talent supérieur. Elle me mènerait bien loin. Qu'il me suffise de dire que Frédéric, merveilleusement doué pour le théâtre, aurait été le premier comédien de notre époque, s'il avait su mieux régler ses admirables qualités naturelles. Il passait dans le même rôle du genre noble au genre trivial, des hautes façons du grand seigneur aux allures communes de l'homme du peuple et tirait de grands effets de ces contrastes. Mais il pencha trop d'un côté et du mauvais. Il pouvait aller sans danger jusqu'à Don César de Bazan ; il eut le tort de descendre jusqu'à Robert Macaire.

Bocage, lui, avait une grande puissance sur la foule houleuse qui, à une première, se pressait dans la salle. C'était comme un courant magnétique qu'il établissait entre elle et lui, Je l'ai vu plus d'une fois relever magnifiquement une pièce qui tombait et faire succéder en un instant aux rires et aux sifflets, l'enthousiasme et les applaudissements répétés. Par exemple il avait la manie, à tout propos, et le plus souvent mal-à-propos, de parler au public qui n'aime pas cela et qui ne se gênait pas toujours pour le lui témoigner.

IX

Nous avons dit que le drame avait pris au Théâtre français la place de la tragédie qui a passé définitivement à l'état d'honorable tradition. Un mouvement purement littéraire en fut-il cause ? Non, sans doute. On doit reconnaître que le théâtre se mouvant nécessairement dans un milieu social et politique, est soumis à ce milieu et ne réussit qu'en lui obéissant. Nous avons le théâtre du XIX° siècle, comme nos ancêtres ont eu le théâtre de Louis XIV. Ce qui en forme le caractère principal s'est manifesté vers la fin de la Restauration et a pris un grand essor à partir de la Révolution de Juillet. Et remarquons qu'il ne s'agit pas seulement ici de la lutte des classiques et des romantiques. On a mis tout d'abord une trop grande importance à certaines hardiesses de langage, à certaines trivialités qui ont déplu et provoqué des sifflets. Détails insignifiants; et la preuve c'est que, pour ne citer qu'un exemple, les témérités qui avaient choqué dans *Hernani* sont parfaitement acceptées aujourd'hui. Personne n'y fait attention.

Ce n'est donc plus une question littéraire seulement. C'est une question politique et sociale. Pour faire table rase du passé et préparer des temps nouveaux, l'idée démocratique qui a la Presse, veut s'emparer du théâtre comme d'une tribune. Les considérations que je pourrais présenter à ce sujet donneraient lieu à de longs développements. Mais je m'arrête et ne veux pas m'avancer dans cette voie. C'est l'avenir ; personne n'en peut soulever les voiles.

CHAPITRE II.

La Comédie.

I

Le XIXe siècle a produit de bonnes comédies, mais non pas dans ses premières années, dont en grande partie l'ancien répertoire fit les frais. Les représentations de Mlle Mars étaient très suivies, moins pourtant que celles de Talma. Quand ils jouaient ensemble, ce qui était fréquent, il y avait foule. On composait de belles soirées avec *Andromaque* et les *Fausses confidences, Cinna* et *le Jeu de l'amour et du hasard, Britannicus* et *le Legs.* Les pièces nouvelles tenaient peu et ne tardaient pas à disparaître de l'affiche. Et puis le public ne se renouvelait pas comme aujourd'hui et les plus gros succès n'arrivaient guère à cent représentations, Il y en eut quelques uns, *les Deux Gendres* d'Etienne, *la Fille d'honneur* et *le Tyran domestique* d'Alexandre Duval. Picard réussit plus d'une fois au Théâtre Louvois d'abord (1801), puis à l'Odéon dont il prit la direction en 1804. L'une de ses meilleures pièces, *les Marionnettes* date de 1806.

Il n'en est pas moins vrai que la plupart des comédies qui ont été données dans les vingt premières années du siècle, sont tout à fait oubliées et que, si l'on a gardé le souvenir de quelques unes, on ne les joue plus. Ferons nous une exception pour *la Petite Ville* de Picard dont on a tenté une insignifiante reprise il y a quelques années ou bien pour *la Jeunesse de Henry V* qui a figuré en 1858 dans les représentations du Théâtre Français au Palais de Compiègne ? Sans doute *la Petite Ville* est une agréable comédie où le naturel et les traits d'observation abondent. Elle est bien supérieure à *la*

Jeunesse de Henry V. Mais on a fait beaucoup mieux depuis.

II

En 1823 une œuvre remarquable obtint aux Français un succès brillant et mérité. Je veux parler de *l'Ecole des Vieillards* de Casimir Delavigne. Talma s'y montra digne de lui dans le rôle de Danville et Mlle Mars joua celui d'Hortense avec sa perfection habituelle. Deux autres comédies de Casimir Delavigne : *les Comédiens* et *la Princesse Aurélie,* furent représentées, l'une à l'Odéon, l'autre aux Français. *Les Comédiens* furent joués longtemps. Il n'en fut pas de même de *la Princesse Aurélie,* malgré le talent de Mlle Mars qui avait un rôle évidemment fait pour elle. Mais la pièce est faible et sans intérêt.

Vers les mêmes années Casimir Bonjour qui n'a guère dépassé la limite de la comédie bourgeoise, eut deux honorables succès avec deux pièces en cinq actes et en vers, *l'Education* ou *les Deux Cousines* et le *Mari à Bonnes Fortunes*. Casimir Bonjour fut longtemps candidat à l'Académie, sans jamais se décourager du peu de voix qu'il obtenait chaque fois. Peu d'auteurs bien accueillis au Théâtre ont aussi été maltraités par le feuilleton. Le milieu n'est pas le même. Une pièce médiocre, mais raisonnablement faite et suffisamment intéressante peut satisfaire le public, et subir un jugement sévère de la critique qu'il est bien difficile de contenter.

III

De 1815 à 1830 plusieurs comédies amusantes et sans prétention, *les Deux Philibert, le Voyage à Dieppe, les Deux Ménages, l'Enfant trouvé* figurèrent souvent sur l'affiche de l'Odéon; on peut citer encore *le Jeune Mari, le Roman, l'Agiotage* aux Français, et une belle œuvre dramatique de M. Empis, *la Mère et la*

Fille, à laquelle Frédéric Lemaître fournit son puissant concours. Bien d'autres comédies passèrent inaperçues ou même firent de lourdes chutes et je me souviens d'avoir vu siffler *Chacun de son côté*, 3 actes de M. Mazères, où jouait cependant Mlle Mars.

Quelquefois aussi pendant cette période qui comprend les règnes de Louis XVIII et de Charles X, les sifflets et les applaudissements prenaient un caractère politique et donnèrent lieu à d'orageuses soirées. Le public qui en tout temps est de l'opposition, saisissait les allusions avec une ardeur tapageuse et en trouvait même que l'on n'aurait pas supposées. En effet, il arrive parfois que l'auteur n'y avait nullement songé et en est le premier surpris. Pour éviter le bruit, on fait des coupures. Le Pouvoir, quel qu'il soit, les exige et d'ailleurs les Directeurs aiment autant qu'on ne casse pas leurs banquettes. Entre autres exemples, c'est ainsi que dans les dernières années de la Restauration on jouait *le Mariage de Figaro* en supprimant le monologue du cinquième acte.

IV

Un auteur qui occupe une place importante dans le théâtre contemporain, Scribe, fit jouer aux Français depuis 1822 jusqu'en 1842 sept comédies qui furent autant de succès. Ce sont *Valérie* où Mlle Mars fit merveille, *le Mariage d'argent, Bertrand et Raton, la Camaraderie, Une Chaîne* et *le Verre d'eau.* Il en est une huitième que je ne dois pas oublier; c'est *la Calomnie*, comédie et cinq actes représentée en 1830 et que je regarde comme la meilleure pièce de Scribe après *la Camaraderie.* Seulement elle ne plut pas et pour une bonne raison. Le personnage principal est un Ministre, homme d'honneur, qui se défend noblement contre d'injustes et odieuses attaques. Un pareil rôle ns pouvait que compromettre la pièce. Le public n'entend pas cela.

C'était une pièce réactionnaire et quoique admirablement jouée par Firmin, Samson, Cartigny, Mlles Anaïs et Plessy, elle eut peu de représentations. Je ne veux pas dire que le public n'aime pas les honnêtes gens au théâtre, au contraire. Mais du moment qu'il s'agit de politique, il faut que les honnêtes gens soient de son avis.

Nous parlerons plus loin de Scribe à propos de l'opéra, de l'opéra-comique et du vaudeville. Mais nous n'attendrons pas davantage pour dire qu'il nous semble un peu trop dénigré aujourd'hui. Sans doute son théâtre n'a pas les allures franches d'un maître et manque d'élévation. Il s'en tient trop aux petits moyens et brille surtout par l'ingéniosité. Son dialogue a du trait, mais souvent tous les personnages de ses pièces parlent le même langage. Il font tous des mots à la Scribe, comme on disait alors, et c'est là une manière d'esprit qui s'use avec le temps. Scribe a vieilli; il est quelque peu démodé aujourd'hui. Toutefois il n'en est pas moins vrai qu'il a fait faire un grand progrès au Théâtre contemporain. Ses pièces sont mieux charpentées, mieux construites qu'on ne l'avait fait avant lui. Il a perfectionné l'art de combiner les scènes et de bien amener les situations. Là est son incontestable supériorité. Voyez les pièces de l'ancien répertoire ! Elles sont mal faites pour la plupart ; l'action est lente et le dénouement mauvais (1).

---

(1) Voici ce que j'écrivais en 1866 après une représentation du *Verre d'eau* au Palais de Compiègne : ...... « Il y a longtemps que j'ai fait cette remarque sur le *Verre d'eau*, qui fut représenté pour la première fois le 17 novembre 1840, c'est que les entrées et les sorties se font dans les appartements de la Reine avec une singulière facilité. La vraisemblance laisse trop à désirer sur ce point et, quoique la pièce repose sur un fait historique, rien ne ressemble moins à ce que la Cour d'Angleterre était sous le règne de la reine Anne, au commencement du dix-huitième siècle que le tableau qui nous en est présenté par l'auteur du *Verre d'eau*. Cette remarque venait à propos ce soir-là, et l'on a dû se dire dans la loge impériale : « Mais l'on n'entre pas ainsi, par les portes du

IV

Laissons place à Alexandre Dumas père qui se présente ici, de 1839 à 1842, avec trois comédies qui seront toujours reprises de temps en temps, *M*^{lle} *de Belle-Isle, Un Mariage sous Louis XV* et *Les Demoiselles de St-Cyr*. Il y a de l'intérêt dans *M*^{lle} *de Belle-Isle*, de l'esprit et de

---

fond et de côté, sans même frapper, dans les appartements de l'Empereur et de l'Impératrice. » Il n'est guère de pièces historiques par le sujet qui le soient moins par la peinture des mœurs et l'absence complète de couleur locale. Ce qui n'empêche pas le *Verre d'eau* d'être une très agréable comédie, qui, dans une suite de revirements ingénieux et inattendus, met en lumière la prodigieuse habileté de Scribe.

N'oublions pas d'ailleurs que pour lui l'invraisemblance, c'est le succès. Elle compose l'élément essentiel de son répertoire dont les deux tiers au moins n'existent que par elle. Scribe se jetait souvent, tête baissée, dans l'impossible et savait mieux que personne en sortir. C'était là un de ses nombreux mérites. »

la gaieté dans *les Demoiselles de St-Cyr*, et le dialogue d'*Un Mariage sous Louis XV* est très heureusement touché. J'en connais peu qui puissent lui être comparés.

V

Après 1850 le domaine de la comédie s'élargit et plusieurs théâtres qui jusque là n'avaient joué que des vaudevilles, firent concurrence aux Français avec des pièces en trois, quatre et cinq actes dont quelques unes sont des œuvres de grande valeur, je dirais presque des chefs d'œuvre. Je placerai en tête, comme une des meilleures comédies que notre Théâtre possède, *le Gendre de M. Poirier*, qui fut joué en 1854 au Gymnase et fait depuis quelques années partie du répertoire des Français ; *les Faux Bonshommes, le Mariage d'Olympe, Philiberte, la Dame aux Camélias, le Demi-Monde, le Voyage de M. Perrichon, Célimare le Bien-Aimé, les Pattes de Mouche, la*

Famille Benoiton, Nos Bons Villageois sont des comédies remarquables que Barrière, Emile Augier, Dumas fils, Labiche et Sardou ont fait jouer au Vaudeville, au Gymnase et au Palais-Royal.

Le Théâtre-Français n'avait donc plus le monopole de la comédie en cinq actes que jusqu'alors il avait partagé avec l'Odéon. Mais il ne voulut pas descendre du premier rang et répondit glorieusement aux succès de ses jeunes rivaux par des succès non moins éclatants, Emile Augier, le premier des auteurs dramatiques de notre temps, y contribua pour une large part. *Gabrielle, l'Aventurière, les Effrontés, le Fils de Giboyer,* comptèrent de belles et nombreuses soirées. *le Duc Job* de Léon Laya fut joué plus de cent fois de suite et Got y trouva l'un de ses meilleurs rôles. (1)

---

(1) Voici ce que j'écrivais en 1859 après une représentation du *Duc Job* au Palais de Compiègne :

.... C'est une comédie calme, honnête, qui n'a rien d'excessif, pas même son mérite que

N'oublions pas *l'Honneur et l'Argent* de Ponsard. La pièce, après avoir attiré la foule à l'Odéon, ce qui était alors tout à fait rare fut reprise aux Français il y a peu d'années et méritait cet honneur.

Je n'ai rien dit encore des comédies-proverbes d'Alfred de Musset, *Un Caprice, Il faut qu'une porte soit ouverte ou fermée, On ne badine pas avec l'amour, les Caprices de Marianne.* Pourquoi ne pas

---

je suis loin de contester. Le dialogue en est bien fait. C'est le ton de la conversation familière, un peu banale peut-être, mais sans trop descendre. La note du sentiment n'est pas absente, et sans aller jusqu'au drame, soutient suffisamment l'intérêt. Enfin, chose importante, la pièce a un rôle excellent, et, pour jouer ce rôle, elle a eu la bonne chance de rencontrer un talent de premier ordre; Got a fait du duc Jean de Rieux une création tout simplement admirable.

Il y a surtout au troisième acte une scène qui a dix pages entre l'oncle et le neveu, le marquis et le duc de Rieux, où la perfection de l'art était réalisée par Got et Provost qui, dans les dernières années de sa vie, était devenu un grand comédien. Cette scène, avec des nuances infiniment variées

ajouter *le Chandelier*, malgré un premier acte furieusement risqué, mais où s'épanouit dans sa fraicheur juvénile la poétique création de Fortunio ? Quel dialogue de main de maître ! Quel admirable prose que celle de ce grand poète ! Où trouver un plus beau modèle du langage français ?

En résumé, depuis 1850 la comédie française s'est maintenue à un niveau élevé et, à des intervalles plus ou moins rapprochés, a produit des œuvres dignes

---

de diction, toujours simple et naturelle pourtant, avec des temps habilement pris, avec ces détails toujours amusants d'un déjeuner bien servi, durait au moins vingt minutes, et comme c'était vrai ! Comme cette causerie faisait oublier qu'on était au théâtre et qu'après tout il s'agissait là de personnages de convention. ! Non, Jean de Rieux et son oncle existaient certainement. J'étais chez eux; je les entendais causer, et c'est la dernière limite de l'art de mettre ainsi la vérité à la place de l'illusion, et de nous faire croire que, invisibles témoins, nous assistons à des faits de la vie réelle.

de figurer parmi les plus remarquables. de notre littérature dramatique.

VI

Il serait injuste de passer sous silence les excellents interprêtes des ouvrages que nous venons de mentionner. Sans doute le Théâtre-Français a droit au premier rang. Mais ses émules, l'Odéon, le Gymnase et le Vaudeville nous ont présenté des talents parfaitement dignes de lui.

Parlons d'abord de la maison de Molière. A tout seigneur tout honneur. Pendant les trente premières années du siècle, Mlle Mars fut ce que nous appelons aujourd'hui une étoile, et bien incontestablement une étoile de première grandeur. Une diction fine et spirituelle, un organe enchanteur, l'art exquis d'enlever toute une salle avec un mot, n'oublions pas la beauté, des traits purs et gracieux, appoint important, mais qui heureusement n'est pas indispensable; toutes ces qualités que

Mlle Mars portait au plus haut degré de perfection, la plaçaient au dessus des talents remarquables qui l'entouraient.

Ainsi que je l'ai dit pour Talma, j'ai vu Mlle Mars dans presque tous ses rôles. Elle excellait dans le répertoire de Marivaux, Araminte, des *Fausses Confidences*, Silvia, du *Jeu de l'Amour et du Hasard* et la Comtesse du *Legs*. Elle jouait supérieurement Célimène du *Misanthrope*. Eloge des plus flatteurs, le nom lui était resté ; on ne disait plus Mlle Mars, on disait Célimène. Le drame lui allait peu. Elle produisait de grands effets avec des mots habilement préparés, comme lorsque Victorine s'écrie au 5e acte du *Philosophe sans le savoir* : « mort ! qui donc ? » mais une situation dramatique prolongée n'était pas dans ses moyens. Sa mémoire peu sûre la trahissait quelquefois. Il en résultait en scène de fâcheux temps d'arrêt et j'ai fait cette remarque que ces accidents de mémoire lui survenaient dans des rôles qu'elle jouaient souvent et depuis longtemps.

Avec Mlle Mars, Firmin, Michelot, Monrose, Cartigny, MM[lles] Levert, Dupuis, Demerson composaient un ensemble qui, sous ce rapport, mettait le Théâtre-Français hors de comparaison avec les autres théâtres.

Il est à remarquer que cet ensemble s'est continué avec d'autres noms et qu'aujourd'hui encore la comédie est jouée avec une admirable supériorité au Théâtre-Français. Aux excellents comédiens que je viens de citer ont succédé Delaunay, Samson, Provost, Menjaud, Bressant, Got, Regnier, Coquelin, MM[mes] Plessy, Anaïs, Allan, Augustine et Madeleine Brohan. Toutefois le personnel féminin a un peu perdu. La dernière grande comédienne a été Mme Plessy. Depuis sa retraite je vois aux Français plusieurs actrices de talent et ce n'est pas assez.

L'Odéon, pépinière obligée du Théâtre-Français, eut pendant plusieurs années Samson, Duparay, Provost, Thiron et Mlle Anaïs. Delaunay y fit ses débuts dans *les Touristes*, comédie en trois actes et en vers de E. Serret.

Le Gymnase a compté un bon nombre de comédiens qui auraient reçu le meilleur accueil sur notre première scène. Qu'il me suffise de nommer Gonthier, Perlet, Bouffé, Geoffroy, Ferville, Lafond, Numa, Adolphe Dupuis, Bertonpère, Lesueur, Mᵐᵉˢ Jenny, Vertpré, Rose Chéri, Delaporte. *le Demi-Monde, le Gendre de M. Poirier, le Fils naturel* n'ont pas été mieux joués aux Français qu'au Gymnase. Lafond dans *Monjoie*, dans *les Vieux Garçons* a montré un talent supérieur. D'autres sont allés aux Français. Bressant y a bien pris sa place, ainsi que Nathalie. Il n'en a pas été de même de Mᵐᵉ Volays et du couple Lafontaine qui n'ont pas su s'y maintenir. Pourtant Mᵐᵉ Volays a laissé le souvenir de deux beaux succès, Dona Florinde dans *Don Juan d'Autriche* et surtout Césarine dans *la Camaraderie*. Mentionnons enfin Mᵐᵉ Allan qui avait été d'abord aux Français sous le nom de

Mlle Despréaux. Après de nombreux et brillants succès au Gymnase, elle le quitta pour la Russie où elle fit un long séjour, puis rentra aux Français dans *Un Caprice*, ce charmant proverbe d'Alfred de Musset qui était imprimé depuis longtemps et que, chose étrange, on n'avait jamais songé à mettre au théâtre. *Un Caprice* a été joué depuis plus de cinq cents fois, et jamais si bien que par Mme Allan.

Au Vaudeville je ne vois que Félix et Mme Alexis qui auraient pu entrer aux Français. Febvre y est sociétaire et tient bien son emploi, sans éclat, mais non sans talent. Félix fut l'un de nos meilleurs comédiens. Il maniait l'ironie à ravir, son nom est attaché pour longtemps au rôle de Desgenais dans *les Filles de Marbre*, et à celui d'Edgard Thévenot dans *les Faux Bonshommes*. On a toujours trop vanté, à mon avis, Mlle Fargueil qui a de grandes qualités et de grands défauts. Quant à Arnal, comédien fantaisiste et plein d'esprit, je ne sais si sa manière originale et tout à part se serait acclimatée à la Comédie-Française. Arnal a trouvé Duvert pour lui faire un répertoire et tous deux ne seront pas de sitôt oubliés. Nous aurons à en parler plus loin.

Il est encore un nom qui remonte très haut dans nos souvenirs, c'est Potier. Talma avec qui il était lié d'amitié, lui conseillait vivement d'entrer aux Français. Je ne sais trop si le conseil était bon. Potier ne le suivit pas. Pourtant il y pensait et, dans ce but, vers les dernières années de sa vie, il apprenait le rôle de *Tartufe*.

CHAPITRE III.

L'opéra français.

I

La musique vieillit vite au Théâtre et résiste moins à l'action du temps que les autres arts. Elle a passé par des phases diverses depuis le commencement du siècle et les œuvres représentées dans cet espace de temps sur la scène de notre Opéra font bien connaître ces modifications successives. Présentant plutôt des différences de manière que de mérite, elles établissent avec netteté des lignes de démarcation.

D'abord c'est le chant sévère, sans ornement, sans roulades, se rapprochant de la musique d'église. En 1804 *les Bardes* de Lesueur eurent un grand succès. Pourtant je lis dans les feuilletons du temps qu'on s'amusa peu. Ce fut de l'admiration mêlée d'ennui.

En 1807 Spontini obtint un véritable triomphe avec *la Vestale,* partition qui mérite de figurer parmi les chefs-d'œuvre. Je n'ai pas oublié l'effet produit aux concerts du Conservatoire par le final magnifique du second acte de *la Vestale.* Puis parut en 1809 *Fernand Cortez,* encore une œuvre admirable. Cherubini en 1813 donna *les Abencérages*, et *Aladin* ou *la Lampe merveilleuse* de Nicolo vint un peu après. Dans ce dernier ouvrage la danse l'emporta sur le chant et le succès fut dû surtout au talent de M{}^{lle} Bigottini.

II

Vers 1820 le public désertait l'Opéra. Les ballets le soutenaient péniblement. Des œuvres nouvelles de Méhul, de Catel et de Kreutzer ne réussissaient qu'à demi et l'ancien répertoire représenté par l'*Orphée*, l'*Iphigénie en Tauride* de Gluck, l'*Œdipe à Colonne* de Sacchini et *la Caravane du Caire* de Grétry, ne faisait pas recette, même avec l'appoint d'un ballet nouveau. Le réveil de notre première scène lyrique ne devait pas tarder, réveil auquel l'avènement de Rossini donna le plus vif éclat.

III

Ce fut le 9 octobre 1826 qu'eut lieu la première représentation du *Siège de Corinthe*. Rossini avait fait cet opéra avec son *Maometto II* auquel il avait ajouté plusieurs morceaux, une ouverture, un divertissement et surtout le beau final du second acte, la bénédiction des drapeaux. Rossini comptait de nombreux admirateurs, mais aussi beaucoup d'ennemis. La musique italienne avec ses fioritures et ses roulades à l'Opéra, quelle profanation! La tragédie lyrique était indignée. Les premiers sujets eux-mêmes, Adolphe Nourrit, Dérivis, peu familiarisés jusque-là avec les vocalises, durent se livrer à des études nouvelles pour se faire à la manière du jeune maître. On parlait à l'avance d'un orchestre à tout casser. Les cuivres ne suffisant pas, on y verrait un canon, disaient de lourds plaisants. Une victoire éclatante réduisit au silence toutes ces petites hostilités.

Le Siège de Corinthe fit révolution et commença une ère nouvelle. Un an après Rossini donna *Moïse*. C'était sa partition de *Mosé*, à laquelle il avait ajouté de magnifiques morceaux, entre autres, une inspiration sublime, la prière du troisième acte. *Le Comte Ory*, une perle de la plus belle eau, fut joué en 1828, et *Guillaume Tell*, un incomparable chef-d'œuvre, le 3 août 1829. Rossini avait alors 38 ans. Il parvint à un âge avancé et n'écrivit plus rien pour le théâtre. Plusieurs raisons le déterminèrent sans doute. Nos vifs regrets nous disent qu'il ne pouvait pas en avoir une seule qui fût bonne.

IV

L'année 1828 vit paraître *la Muette de Portici*, le plus beau fleuron de la couronne musicale d'Auber. Le public fut ravi et la foule accourut longtemps aux représentations de ce délicieux ouvrage. Quel beau titre de gloire pour notre compositeur français d'avoir ainsi triomphé après Rossini, après l'immense effet produit par *le Siège de Corinthe, Moïse* et *le Comte Ory*! L'exécution de *la Muette de Portici* fut excellente. Adolphe Nourrit fut admirable dans le rôle de Mazaniello. La mise en scène était splendide et je n'ai jamais rien vu de mieux réussi en ce genre que la scène du marché qui ouvre le troisième acte.

V

Un changement important allait s'opérer et le génie d'un maître allemand devait bientôt prendre à l'Opéra une place, presque la première, qu'il occupe encore glorieusement aujourd'hui. En 1831 le Docteur Véron, directeur de notre Académie royale de musique, obtint de Meyerbeer la partition de *Robert-le-Diable* et l'ouvrage fut mis aussitôt en répétition. Mais on ne tarda pas à être effrayé. Cette musique, moitié allemande, moitié italienne, plutôt allemande toutefois, parut étrange et fit douter du succès. Meyerbeer très difficile à contenter exigeait des frais énormes de mise en scène. Le Docteur Véron se crut ruiné. Son entreprise allait s'écrouler sous les formidables accents de Bertram, comme autrefois, au son des trompettes, les murs de Jéricho.

Il n'en fut rien. Bien au contraire, d'unanimes bravos accueillirent la première représentation de *Robert-le-Diable* qui fut donnée le 21 novembre 1831. Adolphe Nourrit, Levasseur, M⁰⁰ Damoreau et Taglioni en eurent une grande part. Levasseur fit du rôle de Bertram une création tout exceptionnelle. Il s'y incarna pour ainsi dire, et n'y a jamais été remplacé. Telles sont les surprises si fréquentes au théâtre. On craignait une chute. Ce fut un triomphe. *Robert-le-Diable* où M. Véron voyait sa ruine, fit sa fortune.

VI

De 1830 à 1833 Auber donna trois opéras, *le Dieu et la Bayadère*, *le Philtre* et *Gustave III*. *Le Dieu et la Bayadère* est un opéra-ballet dont Melle Taglioni fit le succès. *Le Philtre*, charmante partition, offrit à Adolphe Nourrit un de ses meilleurs rôles. *Gustave III*, froidement accueilli, ne conserva plus bientôt de ses cinq actes que le dernier qui, de temps en temps, pour terminer le spectacle, figurait sur l'affiche sous ce titre : *le Bal de Gustave*. Passe encore pour Gustave III. Mais à cette même époque on ne fit pas mieux pour *Guillaume Tell* et l'on ne donnait plus que le second acte pour servir de lever de rideau. Cette mutilation qui mérite un blâme sévère, fut une des causes du silence si regrettable de Rossini.

La direction du docteur Véron était en pleine prospérité, lorsqu'en 1836 le répertoire s'enrichit d'un nouveau chef-d'œuvre, *les Huguenots*, que je serais tenté de préférer à *Robert*. Jamais Meyerbeer ne s'éleva plus haut. Ce fut le point culminant de son génie et *le Prophète*, *l'Africaine*, malgré de grandes beautés, restèrent au-dessous.

VII

Après la révolution de Juillet, Adolphe Nourrit se fatigua la voix à chanter *la Parisienne*. Chaque fois qu'il jouait, le public la lui demandait et c'était des bravos, des acclamations à ne pas finir. Du reste, notre premier ténor y allait de bon cœur. Un drapeau tricolore à la main, souvent même en uniforme de garde national, il ne se ménageait pas et prodiguait les notes les plus éclatantes à ces paroles si parfaitement oubliées aujourd'hui :

> Peuple français, peuple de braves,
> La Liberté vous tend les bras.
> On nous disait : soyez esclaves.
> Nous avons dit : soyons soldats.....

J'ai remarqué en ce temps que la voix de Nourrit en avait subi une légère altération. En vérité l'air et la chanson n'en valaient pas la peine.

VIII

Continuant notre revue chronologique, parlons maintenant de deux noms qui brillèrent avec éclat sur notre première scène lyrique, Halévy et Donizetti.

Après *la Juive*, son chef-d'œuvre, Halévy donna en 1838, *la Reine de Chypre* qui a été reprise il y a peu de temps sans grand succès. A part quelques morceaux remarquables, un très beau duo surtout avec un admirable andante, c'est long et ennuyeux. *Charles VI* réussit. Halévy y fut bien secondé par Baroilhet et Mme Stoltz. En 1852 *le Juif Errant* eut peu de succès et, en 1858, *la Magicienne* encore moins.

Gaëtano Donizetti fit représenter *les Martyrs* en 1840 et la même année *la Favorite*, puis en 1843 *Don Sébastien de Portugal*. *Les Martyrs* disparurent assez promptement de l'affiche. Etait-ce juste ? Je ne le crois pas et le 3me acte renferme de grandes beautés. *La Favorite* eut une meilleure destinée. Elle est restée au répertoire et longtemps encore on écoutera avec plaisir cette musique tendre et pleine de mélodie. On y applaudit justement Duprez, Baroilhet et Mme Stolz.

La demi-chute de *Don Sébastien de Portugal* causa une surprise très pénible à Donizetti qui comptait beaucoup sur cet opéra et il en conçut un véritable chagrin. On sait qu'il mourut fou peu de temps après. Je ne veux pas dire que l'insuccès de *Don Sébastien* fut cause de cette fin déplorable. Mais on peut croire qu'il y a contribué, quand on songe à la nature impressionnable des hommes de génie. Or, à mon avis, le grand compositeur à qui nous devons *Lucie, la Favorite, Don Pasquale, l'Elixir d'amour* et tant d'autres charmantes partitions est un homme de génie.

IX

Verdi, si haut placé sur les scènes italiennes, n'a pas été heureux à notre Opéra avec *les Vêpres siciliennes* et *Don Carlos*. L'*Hamlet* d'Ambroise Thomas doit beaucoup à Faure qui s'y est fait singulièrement remarquer comme chanteur et comme comédien. Le *Faust* de Gounod, œuvre inégale, mais souvent élevée, s'est solidement maintenu au répertoire. Quant à son *Polyeucte*, j'aurais sans doute tort de dire que j'ai eu plus de plaisir autrefois à entendre *le Poliuto* de Donizetti chanté par Tamberlick. Il faut bien admettre que nous sommes à une époque de transition, peut-être même de transformation. La mélopée, toujours empreinte d'une certaine monotonie, tend à devenir maîtresse souveraine. Aucun motif développé ne se détache. On attend, on cherche, on espère. Une phrase commence, puis elle s'arrête. C'est comme un long récitatif et l'on se fatigue vite à écouter.

Pour moi, je ne me soucie nullement de brûler les dieux que j'ai adorés. Je veux bien croire que *le Roi de Lahore* est la merveille des merveilles; je veux bien croire à la musique de l'avenir, à Wagner, à tout ce qu'on voudra. Mais pour juger, c'est différent. Il est trop tard.

Je laisse la place aux jeunes et je me tais.

X

Je désire ajouter quelques mots à ce que j'ai dit des chanteurs et des cantatrices qui dans le courant du siècle où nous sommes, ont occupé les premiers rangs à l'Opéra. Il faut bien convenir que l'ancienne salle de la rue Lepelletier brûlée en 1873 et splendidement remplacée par le magnifique édifice de l'architecte Garnier, nous a laissé, sous le rapport de l'exécution musicale, des souvenirs qui ne s'effaceront pas de longtemps. Ce que nous avons entendu depuis quelques années dans la nouvelle salle ne peut que les transformer en regrets. Chose fâcheuse à dire et c'est pourtant vrai, ce qui a fait la fortune de M. Halanzier, qui vient d'être remplacé par M. Vaucorbeil, c'est un escalier ! Mais cet escalier est un des plus beaux motifs d'architecture qui existent au monde. Il est grandiose, éblouissant. On a voulu le voir. On est venu de partout l'admirer. Cela dure encore, avec moins d'empressement toutefois. Voilà donc la principale cause des grosses recettes encaissées par le nouvel Opéra ! Sans doute on y a entendu Faure et une virtuose incomparable, Mme Carvalho qui en est, hélas ! à ses derniers beaux jours. Mlle Krauss est une cantatrice de style, mais pas de ténors, pas une seule basse, même passable, pas un seul contralto. Il a fallu se contenter d'honnêtes médiocrités.

Ainsi l'a voulu M. Halanzier, disent les mauvaises langues. Pouvant se passer d'étoiles, grâce à son escalier, il a voulu éviter les engagements à 2000 et 3000 francs par représentation. Cela se conçoit. Mais quel brillant retour vers le passé quand on se rappelle *Robert, les Huguenots, la Juive* avec Nourrit et Mlle Falcon ! Avec quelle voix délicieuse et quelle parfaite méthode chantait Mme Damoreau dans *la Muette, le Comte Ory, le Dieu et la Bayadère, le Philtre* et *le Serment* ! Et les débuts de Duprez dans *Guillaume Tell* ! Quel succès d'enthousiasme après l'air : *Asile héréditaire !* Je pourrais citer encore Mario, Sophie Cruvelli, Mme Bosio, Alboni, Christine Nilsson qui ne firent qu'un court, mais brillant séjour à l'Opéra. Contentons-nous aujourd'hui d'avoir le plus beau théâtre qui existe en Europe et souhaitons qu'un jour ou l'autre, en admirant la cage, on puisse aussi admirer les oiseaux.

XI

Le théâtre de l'opéra vers 1825 cessa d'avoir le monopole des grandes partitions. L'Odéon dirigé alors par M. Bernard et réunissant avec succès les trois genres, la tragédie, la comédie et l'opéra, donna des œuvres de maître traduites, *Robin des bois* qui eut la vogue, *le Mariage de Figaro, Don Juan, le Barbier de Séville, la Pie voleuse, la Dame du Lac, Marguerite d'Anjou*, de Meyerbeer, alors, peu connu à Paris. Ces beaux ouvrages contribuèrent à propager le goût de la grande musique en France. J'ai conservé un bon souvenir de ces spectacles variés donnés à l'Odéon sous la direction Bernard. Ainsi après une tragédie en cinq actes, toujours un peu longue, comme par exemple, *l'Agamemnon* de Lemercier qu'on avait alors en haute estime, j'avais grand plaisir à voir une soixantaine de jeunes musiciens envahir l'orchestre et à les entendre exécuter à merveille l'ouverture de *la Pie Voleuse*. C'était ferme, bien d'ensemble, plein de vigueur et de brio. J'étais ravi rien qu'aux premières mesures. L'attention froide et silencieuse que je venais de prêter, non sans quelque effort, à cinq actes d'honorables mais soporifiques alexandrins, était soudainement réveillée par ces brillants motifs qui formaient le plus heureux contraste. Il me semblait passer de l'ombre au soleil.

L'exécution des œuvres musicales à l'Odéon était satisfaisante. Je trouvais les chanteurs très bons. J'ai été plus difficile depuis. Il y avait réellement des sujets distingués, Mme Schutz, cantatrice d'un grand talent, Mondonville, excellent baryton, Duprez qui débutait alors et chantait délicieusement dans *Don Juan* l'air d'*Il mio tesoro*, un des triomphes de Rubini. Enfin j'allais volontiers à l'Odéon et j'étais loin de regretter les trente sols que coûtait alors le parterre. J'étais encore au collège et mon budget ne me permettait guère d'aborder la stalle d'orchestre.

XII

Beaucoup plus tard M. Carvalho a bien mérité de l'art musical en faisant représenter sur le Théâtre lyrique *Orphée* avec M*me* Viardot, *Oberon*, *Freyschutz*, *les Noces de Figaro*, *la Flûte enchantée*, *Mireille*, *Faust* et le joli opéra de Flotow, *Martha* avec Christine Nilsson.

C'est ainsi que le public s'est habitué peu à peu à entendre des œuvres de grande valeur et à les apprécier. Son éducation s'est faite, son goût s'est formé et le terrain a été préparé pour ces concerts populaires où la musique des maîtres attire la foule et qui, il y a trente ans, n'auraient eu aucune chance de succès. Cet incontestable progrès fait honneur au public parisien. On aime à voir au Cirque d'hiver tous ces jeunes artisans se pressant sur les gradins, applaudir avec enthousiasme les symphonies de Beethoven et d'Haydn. Les arts élèvent le niveau intellectuel et la musique y contribue pour sa bonne part. Seulement tout se modifie, tout change avec le temps. On ne peut toujours faire entendre les mêmes symphonies et les mêmes opéras, même quand ces symphonies et ces opéras sont des chefs-d'œuvre. Il faut faire autre chose au risque de faire moins bien. Je doute que Beethoven, Mozart, Rossini, Meyerbeer puissent être dépassés. Mais dans cet art charmant auquel je dois les plus vives jouissances, j'appartiens trop au passé pour qu'il me soit permis d'avoir la moindre opinion sur l'avenir.

CHAPITRE IV

L'opéra italien.

I

Le théâtre italien est entré depuis bien longtemps dans les habitudes parisiennes. Son importation en France remonte à la fin du 16ᵐᵉ siècle, sous le règne de Henry III. C'était alors un répertoire composé de comédies où figuraient comme principaux personnages Scaramouche, Pantalon, le Docteur, Arlequin et Colombine. Ils s'installèrent d'abord rue des Poulies, hôtel du Petit Bourbon. Les places étaient à quatre sols. C'est un peu loin, comme date et comme prix d'entrée, du théâtre italien de nos jours où les fauteuils d'orchestre coûtent 20 francs. Je m'en tiens à ces quelques lignes rétrospectives et j'arrive au théâtre italien composé d'opéras, tel que nous l'avons depuis 1752. Ses débuts furent heureux. Le succès ne se fit pas attendre et le nom de célèbres compositeurs, Pergolèse, Cimarosa, Païsiello brillèrent sur l'affiche jusqu'en 1792. Alors les chanteurs italiens retournèrent dans leur pays. Ils avaient bien raison. La Terreur était proche et les douces mélodies n'avaient rien de mieux à faire que de s'envoler vers leur ciel natal.

II

En 1802, une troupe italienne sous la direction de la Montansier s'établit au Théâtre olympique, rue de la Victoire, puis l'année suivante au théâtre Favart. Un de ses plus grands succès fut *Il Matrimonio segreto* de Cimarosa. Elle occupa ensuite la salle Louvois et là furent représentées en 1807, pour la première fois à Paris, *le Nozze di Figaro* de Mozart. En 1815 Mme Catalani prit la direction du Théâtre italien qui revint à la salle Favart. Jusqu'en 1820 les célébrités chantantes qui s'y firent entendre furent Martinelli, Barilli, Garcia, Crivelli, Pellegrini, et MM^mes Catalani, Barilli, Mainvielle Fodor, Cinti qui fut depuis Mme Damoreau.

Mme Pasta parut pour la première fois sur la scène italienne en 1821 et Rubini en 1825. Il ne fit cette fois qu'un court séjour et fut peu remarqué. Son jeu faisait rire et ses roulades qui n'en finissaient pas et faisaient plus d'honneur à l'étendue de sa respiration qu'à la pureté de son goût, étaient assez froidement accueillies. Il avait des costumes d'un beau jaune abricot très amusants. Ce ne fut que plus tard, dans les opéras de Bellini et de Donizetti, qu'il se fit connaître et justement admirer, comme un ténor au-dessus de toute comparaison. De précieuses qualités qui ne se trouvent presque jamais réunies, la puissance, la légèreté, l'étendue, l'expression, touchaient en lui à la perfection. C'est pour ceux qui l'ont entendu un souvenir ineffaçable. Un seul chanteur, il y a quelques années, le rappelait d'un peu loin, c'est Tamberlick.

III

Mais revenons à notre ordre chronologique et parlons de la phase glorieuse où M*lle* Sontag et M*me* Malibran donnèrent le plus vif éclat aux représentations du Théatre italien. Ce fut de 1828 à 1830. Les jours où les deux virtuoses paraissaient dans le même opéra, le bureau de location était véritablement assiégé. J'ai plus d'une fois passé là plusieurs heures pour avoir un malheureux billet. C'était dans *Tancredi*, Aménaïde et Tancrède, dans *la Sémiramide*, Sémiramis et Arsace, dans *la Dona del Lago*, Héléna et Malcolm. Du reste M*lle*

Sontag attirait seule la foule dans *Don Juan, le Barbier, Cendrillon, Mathilde de Shabran*, et pour Mme Malibran chantant seule, l'empressement était moins grand. Et pourtant elle était toute charmante dans *le Barbier*, et bien admirable dans *la Gazza ladra*. Je disais d'elle alors, après une représentation de ce bel opéra donnée le 30 mars 1830 :

« Mme Malibran a été sublime ! Elle s'é-
« lève si haut que ses rôles restent véri-
« tablement trop au-dessous d'elle. Ce
« n'est plus la servante de Palaiseau.

« *Divini signa decoris*
« *Ardentesque notate oculos, qui spiritus illi,*
« *Qui vultus, vocisve sonus, vel gressus eunti.*

« On distingue l'actrice de génie sous
« l'habit d'une simple villageoise, comme
« la nourrice des fils de Priam reconnais-
« sait, sous les traits de Béroé, Junon con-
« servant sous la forme humaine les attri-
« buts de la divinité. »

J'avais vingt ans à peine et j'ai bien perdu depuis ces élans d'enthousiasme.

Aujourd'hui, quand je me mêle d'écrire, il ne me vient plus à l'idée de citer Virgile. Mais je n'en ai pas moins gardé précieusement le souvenir de Mme Malibran et plus encore peut-être celui de Mlle Sontag qui, comme cantatrice, n'a jamais été égalée, pas même par la Patti, à beaucoup près.

Voici quelques mots d'une note que je retrouve sur la dernière représentation de Mlle Sontag, donnée à son bénéfice le 18 janvier 1830 et composée du premier acte de *la Sémiramide* et du deuxième acte de *Tancrède* :

« ... Il n'est pas d'expression pour dé-
« crire l'effet produit par le deuxième acte
« de *Tancrède* : .... Mlle Sontag a chanté
« l'air de bravoure avec une délicatesse,
« une légèreté, dont elle seule offre le
« modèle. Mais c'est surtout le duo
« entre Aménaïde et Tancrède, ce sont
« les points d'orgue, prodiges de vocali-
« sation, exécutés par Mlle Sontag et Mme
« Malibran, qui ont ravi la salle entière.

« L'enthousiasme était à son comble. Les
« couronnes pleuvaient sur la scène et la
« strette du duo n'était pas terminée que
« des applaudissements dix fois répétés
« couvraient les voix des deux divines
« cantatrices. Redemandées à grands cris,
« elles reparurent, Aménaïde conduite par
« Tancrède qui lui mit une des couronnes
« sur la tête. Les bravos ne cessaient pas
« et les spectateurs qui ne devaient plus
« entendre Mlle Sontag, ne pouvaient se
« lasser de rendre hommage à un si beau
« talent qu'ils perdaient à jamais....... »

Il n'en fut pas tout à fait ainsi. Mlle Sontag avait, en effet, quitté le théâtre pour épouser le comte Rossi. Mais elle y rentra plus tard par suite de revers de fortune. Sa voix avait perdu. Elle ne dominait plus de ses magnifiques notes de soprano, comme dix années auparavant, l'orchestre et les chœurs dans le final du premier acte de *Don Juan*.

IV

De 1830 à 1835 plusieurs talents de premier ordre vinrent se placer à la tête de la troupe italienne ; Lablache, Tamburini et Julia Grisi. Elle débuta dans *Otello* et obtint surtout un succès de beauté. C'était alors une froide imitation de Mme Pasta. Mais plus tard, elle se révéla grande cantatrice et véritablement tragédienne dans *Norma* dont elle fit son plus beau rôle. N'oublions pas deux éminentes virtuoses, Mmes Persiani et Pauline Viardot. Rubini fit une rentrée brillante. Dans ce même temps et les années suivantes, le répertoire s'enrichit d'une douzaine de charmantes partitions de Bellini et de Donizetti. Citons entre autres *Norma, la Somnambule, les Puritains* de Bellini, *l'Elixir d'amour, Lucie, Don Pasquale,* de Donizetti.

V

En 1838 la salle Favart brûla ; c'était dans la nuit du 14 janvier, après une représentation de *Don Juan*. Le régisseur de la scène Séverini périt dans l'incendie. Les chanteurs italiens se réfugièrent à l'Odéon où ils se maintinrent pendant plusieurs années avec un succès soutenu. C'était très beau. Car l'Odéon était alors délaissé. Il n'y allait personne et l'un de ses spirituels directeurs disait que de tous les théâtres de Paris, c'était le seul où il ne fût pas impossible de faire des recettes de 60 francs.

Les Italiens au contraire en firent de très bonnes. Il est vrai que la troupe se composant de Rubini, Lablache, Tamburini, Mmes Grisi, Persiani, Pauline Viardot, présentait une supériorité d'ensemble dont il n'y a pas eu d'exemple depuis. (1).

---

(1) Voici ce que je disais dans un journal de théâtre le 28 février 1839 : « Samedi la représen-

VI

Cependant l'Odéon, à cause de son éloignement et de la difficulté des communications, dont les moyens ont été si multipliés depuis, était incontestablement un obstacle contre lequel il fallait lutter et, bien que cette lutte fût tout à l'honneur des artistes italiens, mieux valait ne pas trop la prolonger. Ils vinrent s'installer à la salle Ventadour.

Là encore, les saisons d'octobre à avril ont été plus ou moins brillantes jusqu'en 1870. Nous avons eu les opéras de Verdi,

---

« tation de *La Lucia* a été des plus brillantes.....
« Il est peu d'exemple, même aux Italiens, de
« l'enthousiasme qu'a excité le final du 2ᵉ acte,
« dit avec une grande force d'expression par Ru-
« bini, Tamburini et Mᵐᵉ Persiani. L'émotion
« était au comble par toute la salle et plus d'une
« fois des murmures d'admiration ont couvert la
« voix des chanteurs.

le Trovatore, la Traviata, Rigoletto, Il ballo in Maschera ; nous avons eu Mario qui, sans égaler Rubini, s'est montré pendant plusieurs années, digne de lui succéder; nous avons eu Tamberlick qui ne fit que de courtes apparitions, deux excellents barytons, Ronconi et Graziani ; Alboni, l'admirable contralto ; enfin Adelina Patti qui parvint très vite à l'apogée du succès. Je ferais pourtant quelques réserves. Sans doute La Patti a une voix merveilleuse, mais elle n'a pas le sentiment, la chaleur, la passion. Elle charme, mais elle n'émeut pas. C'est une sorte de ravissement paisible qu'on éprouve. Avec la voix la plus parfaite qu'on ait jamais entendue, La Patti n'est pas une virtuose. Mais quelle pureté, quelle égalité de sons ! Il faut l'entendre, à la fin du 1ᵉʳ acte de la *Traviata*, faire, en courant vers le fond du théâtre, un trille éclatant et prolongé. C'est vraiment prodigieux de hardiesse et de fini en même temps, et cela s'est fixé dans mes souvenirs comme la strette de la cavatine d'entrée d'*Otello*, chantée à pleine voix par Rubini.

VII

Depuis la funeste guerre de 1870, le théâtre italien n'a plus rien fait. Le bureau de location a chômé presque tout le temps. Je ne vois que les représentations d'*Aïda*, un des meilleurs opéras de Verdi, qui aient été suivies avec empressement. La dernière direction confiée à M. Escudier n'a pas prospéré. Pourtant on aurait tort de désespérer du théâtre italien. On y reviendra toujours. C'est une question de temps et de circonstances plus favorables qui se présenteront tôt ou tard. D'ailleurs il faut bien attendre, puisqu'on vient de démolir la salle Ventadour pour faire place à un Crédit normand, auvergnat, limousin, je ne sais, enfin à une concurrence du Crédit lyonnais. C'est là un fait très regrettable et qu'on n'aurait pas dû laisser s'accomplir. Il y avait plus d'un moyen de l'empêcher et Paris n'aurait pas été privé de l'une de ses plus belles salles de spectacle, et d'un théâtre construit dans de vastes proportions et d'excellentes conditions d'isolement.

CHAPITRE V

L'opéra comique.

I

Le premier théâtre d'opéra comique date de 1624. Pendant plus d'un siècle on y joua des petites pièces en prose mêlées d'ariettes. L'Académie royale de musique et le Théâtre Français lui suscitèrent une foule de difficultés. Un moment même la parole lui fut enlevée et des pantomimes la remplacèrent. Mais les gestes les plus animés, accompagnés de la musique la plus expressive, étaient loin d'offrir un équivalent et le public protesta. L'opéra comique, genre éminemment français et justement aimé, tenait à vivre. Il ne tarda pas à venir à bout des persécutions où se montrait, jusqu'à l'excès, l'abus des privilèges.

A partir de 1750 son cadre s'élargit et la vogue s'attacha aux œuvres charmantes de Monsigny, Grétry, Dalayrac. Ce furent *Le Roi et le Fermier, Rose et Colas, Félix, le Déserteur* de Monsigny; *Sylvain, Les deux Avares, Zémire et Azor, l'Ami de la maison, la Fausse Magie, l'Epreuve villageoise, le Tableau parlant, Richard Cœur-de-Lion* de Grétry; *Azémia, Renaud d'Ast, les deux petits Savoyards, Camille* ou *le Souterrain, Ambroise, Gulnare, Adolphe et Clara, Maison à vendre, Picaros et Diégo, Gulistan,* de Dalayrac. Quelques-unes de ces pièces furent représentées pour la première fois au commencement de notre siècle et me conduisent au point de départ que j'ai adopté pour cette revue du théâtre contemporain.

II

Il faut bien le dire, l'Opéra Comique donne lieu plus encore que les autres théâtres aux observations que nous avons présentées sur le goût si variable du public. Après avoir eu toute sa faveur, après avoir été le préféré de tous, après avoir vu succéder aux maîtres que je viens de citer d'autres maîtres non moins illustres, Boïeldieu, Auber, Hérold, livrant à des applaudissements unanimes *le Nouveau Seigneur, la Dame blanche, Fra-Diavolo, le Domino noir, Zampa, le Pré aux Clercs,* l'opéra comique est en décadence. Le public n'en veut plus et cette fois le public a tort. Car c'est un genre charmant, de bon goût, dont la douce gaîté emprunte à la musique un double et gracieux attrait.

Et qui le remplace aujourd'hui ? l'opérette, une déviation de l'art, genre bâtard et graveleux où le dialogue va de pair avec la situation jusqu'aux dernières limites que permet une censure réduite à l'impuissance par les nombreux abus de la liberté. A ce compte, l'art se dégrade et le relâchement des mœurs fait d'étranges progrès. Mais le public est satisfait. C'est le maître. On lui obéit ; on lui sert des saletés qu'il applaudit. Seuls les esprits sérieux, amis du rire honnête, regrettent que des auteurs et des compositeurs de talent, fassent une pareille besogne et contribuent à un abaissement moral qui se manifeste sur tant de points aujourd'hui.

III

Mais à quoi bon se plaindre ; à quoi bon moraliser ? C'est bien inutile ; mieux vaut fermer les yeux sur ce qu'on ne peut empêcher et chercher l'oubli du présent dans les souvenirs du passé. Pour moi, sans être pessimiste, je ne vis plus que de souvenirs. Reportons-nous donc aux beaux jours de notre Opéra Comique. Si lointains qu'ils soient, il en sera encore longtemps parlé. C'était le théâtre des familles, et les grands parents racontent volontiers cet âge d'or à leurs chers fils qui ne les écoutent pas et vont rire à se tordre à *la Timbale d'argent*.

IV

Au commencement du siècle l'opéra comique occupait la salle Feydeau. Il y resta jusqu'en 1829, vint ensuite à la salle Ventadour, puis pendant quelques années s'installa place de la Bourse où fut joué pour la première fois *le Pré aux Clercs*, et prit enfin possession de la salle Favart où il est encore aujourd'hui.

En 1801 la troupe de ce charmant théâtre formait un ensemble excellent. Martin, Ellevion, Chenard, Mmes Dugazon, Saint-Aubin et Gavaudan y occupaient les premiers emplois. Nous parlerons plus loin successivement des artistes de mérite qui ont su maintenir l'exécution des opéras comiques dans les conditions les plus satisfaisantes.

V

Voici maintenant la liste des pièces nouvelles qui, jusqu'en 1820, ont alimenté le répertoire avec le plus de succès :

Maison à vendre (1800) ; — *Picaros et Diègo* (1803) ; — *Gulistan*, 3 actes (1805), de Dalayrac qui mourut en 1809, à 56 ans. Il était riche et de famille noble. Napoléon l'avait honoré de la croix de la Légion d'honneur qu'il ne prodiguait pas. Il ne la donna que dans les Cent jours à Chérubini. Il est vrai qu'il ne pouvait pas le souffrir.

VI

L'Irato (1802) ; — *Une Folie*, 2 actes ; — *Joseph*, 3 actes (1807) ; — *la Journée aux Aventures*, de Méhul. *L'Irato* et *Une Folie* sont d'agréables ouvrages et *Joseph* renferme de grandes beautés. On n'a pas oublié la romance : « *A peine au sortir de* l'enfance... » et l'air : « *Vainement Pharaon dans sa fortune altière....* » figure assez fréquemment sur les affiches de concert. Mais l'ouverture du *Jeune Henri*, ce magnifique tableau que nous admirons encore aujourd'hui, suffirait seul à la gloire de Méhul. On sait que, par un unique exemple, elle fut exécutée trois fois dans la même soirée, à la première représentation de la pièce qui était mauvaise, et que le public ne laissa pas finir. Il aima mieux redemander pour la seconde fois l'ouverture et l'entendit ainsi trois fois.

Méhul mourut à Hyères en 1817, à 54 ans.

VII

Michel Ange (1803) ; — *les Rendez-Vous bourgeois* (1807) ; — *Cendrillon* 3 actes ; — *Joconde* (1814) ; — *Lulli et Quinault* ; — le *Billet de loterie*, de Nicolo. Il était né à Malte, mais d'origine française et s'appelait Nicolas

Isouard. Il mourut à Paris en 1818, à 41 ans. On joue encore aujourd'hui *Joconde* et *les Rendez-vous bourgeois*. *Joconde* était un des meilleurs rôles de Martin. Faure l'a pris il y a quelques années et chantait parfaitement la romance du 3me acte : « *Dans un délire extrême...* » Nous avons tous ri aux *Rendez-Vous bourgeois* dont les airs sont très jolis. Il faut dire que la pièce est bien amusante. Elle est d'Hoffman et sa part vaut celle de Nicolo.

VIII.

Les Deux Journées (1800) de Chérubini. Il avait fait jouer précédemment deux cents fois de suite *Lodoïska*, succès alors sans précédent. L'un de ses premiers ouvrages, *Démophon*, fut représenté à l'Opéra en 1788 et quarante-cinq ans après, en 1833, il y donna *Alibaba*, cinq actes, paroles de Scribe et Mélesville. J'ai vu Alibaba qui fut froidement accueilli, et si je n'en ai rien dit, quand j'ai parlé de l'Opéra, c'est que ce fut à peine un demi-succès. Nourrit et Mme Falcon tenaient les deux principaux rôles. Je me souviens moins de la partition que des décors qui étaient magnifiques. Il y avait là une rue d'Ispahan qui était merveilleusement réussie. Chérubini avait alors 74 ans. Il mourut en 1842, à 82 ans. Il était membre de l'Institut et directeur de notre Conservatoire.

IX

L'Auberge de Bagnères (1807) de Catel, professeur au Conservatoire, membre de l'Institut, qui travailla peu pour le théâtre. Elleviou et Martin jouaient dans *l'Auberge de Bagnères*. Ellevion était même l'un des auteurs de la pièce qui se maintint longtemps au répertoire.

X

Montano et Stéphanie (1801); — *Aline reine de Golconde* (1803); — *le Charme de la Voix*; — *les Maris garçons*

(1806) ; — *les Deux Mousquetaires*, de Berton qui composa près de cinquante opéras ou ballets. En 1799 il avait fait jouer avec succès à l'Opéra Comique *le Délire. Aline, reine de Golconde* et surtout *Montano et Stéphanie* le placèrent au premier rang parmi nos compositeurs. *Montano et Stéphanie* avait eu trois représentations en 1799. Des susceptibilités politiques s'étaient élevées contre la pièce qui avait été défendue. Un rôle de prêtre honnête homme en était cause et avait déchaîné les fureurs du jacobinisme qui jouissait alors de son reste ; en 1801, Legouvé, le père de notre aimable académicien d'aujourd'hui, fit quelques changements au troisième acte et la pièce obtint le plus grand succès.

Berton estimait peu la musique italienne. Il se montra malencontreusement des plus hostiles à Rossini, quand l'auteur du *Barbier* vint à Paris pour donner de nombreux jours de gloire à notre Opéra. Ces erreurs sont fréquentes. Berton fut injuste envers

Rossini, comme Rossini lui-même le fut envers Meyerbeer. Sans tenir le moindre compte de tout sentiment de rivalité et de jalousie, j'ai remarqué que les artistes se jugent mal entre eux. Peintres, musiciens, auteurs dramatiques, vous les voyez trop souvent procéder par parti pris. Ils obéissent sans le vouloir aux impressions que leur dicte leur tempérament et tout ce qui n'entre pas dans cette manière exclusive d'appréciation leur semble mauvais. Dans ces excessives sévérités Berton fut comme beaucoup d'autres.

Il mourut fort âgé en 1844.

XI

Beniowski, 3 actes (1800) ; — *le Calife de Bagdad* (1800) ; — *Ma Tante Aurore*, 2 actes (1803) ; — *Jean de Paris*, 2 actes (1812) ; — *le Nouveau Seigneur de village* (1813) ; — *la Fête au village voisin*, 3 actes (1816) ; — *le Petit Chaperon rouge*, 3 actes (1818); — *les Voitures versées*, 2 actes, de Boïeldieu dont les charmantes partitions abondent en motifs délicieux. On y écoute avec ravissement certaines phrases empreintes d'une grâce mélodique qui est l'essence même du génie de Boïeldieu et, sous ce rapport, établit sa supériorité sur les autres compositeurs, Mozart excepté. Nous retrouverons Boïeldieu avec ses dignes émules, Hérold et Auber dans la période qui suit.

XII

C'est ainsi que de 1800 à 1820 l'Opéra Comique se maintint dans d'heureuses conditions de succès, grâce à un riche répertoire datant du siècle précédent et aux ouvrages alors nouveaux que je viens de citer. On offrait au public des spectacles souvent composés de trois pièces en un acte, comme, par exemple, en 1802, *Sylvain*, *le Prisonnier*, *Adolphe et Clara*. Le citoyen Elleviou, disait l'affiche, jouera dans deux pièces.

Elleviou et Martin étaient très aimés tous deux, surtout Elleviou, et jouaient ensemble dans un bon nombre d'opéras; *Maison à vendre, Picaros et Diégo, Jean de Paris*, etc, etc. Elleviou était très bon comédien et chantait avec beaucoup de goût. Il plaisait essentiellement et laissa les plus vifs regrets lorsqu'en 1813, dans toute la force de l'âge, il se décida à quitter le théâtre. Pour sa représentation de retraite on donnait *Adolphe et Clara* et *Félix*. Ce fut une ovation sans exemple.

Retiré dans sa terre de Roncières, près de Tarare, il fit de l'agriculture et mourut longtemps après, maire de sa commune et conseiller général du Rhône.

Martin avait une voix exceptionnelle. Elle parcourait trois octaves avec la plus grande facilité et la plus parfaite émission. Martin en abusait pour multiplier les roulades et les fioritures. Cela plaisait au public. Mais les compositeurs n'aimaient pas à voir leurs airs défigurés. Un soir, après *le Jugement de Midas* où notre baryton-ténor venait d'étaler le luxe de ses broderies, Grétry lui dit : « Pourquoi donc as-tu passé mon premier air ? J'y tenais beaucoup, tout simple qu'il te paraisse. » Martin comprit et tint compte, pour cette fois, de la fine observation de Grétry.

Mmes Dugazon, Saint-Aubin et Gavaudan étaient les étoiles de ce temps. Mme Gavaudan avait le charme. Le public l'adorait. Ses meilleurs rôles étaient Margot du *Diable à quatre*, la princesse de Navarre dans *Jean de Paris*, Colette dans *Jeannot et Colin* et Rose d'Amour du *Petit Chaperon rouge*.

XIII

Je ne puis oublier les librettistes. Mais c'est là le côté faible. Les pièces d'alors étaient plus ou moins médiocres et un grand nombre de celles que je n'avais pas à mentionner tombèrent, entraînant la musique avec elles. On a vu rarement une bonne partition réussir avec un mauvais livret. Les chefs-d'œuvre mêmes en souffrent et *Guillaume Tell* en est un exemple.

Faisons toutefois exception pour quelques noms, Etienne, l'auteur de *Cendrillon*, de *Joconde* et de *Jeannot et Colin*, Hoffman à qui nous devons l'excellente bouffonnerie des *Rendez-vous bourgeois*, Alexandre Duval de qui la scène du voisin dans *Maison à vendre* est digne de Molière.

XIV

De 1820 à 1860 l'Opéra Comique compte un très grand nombre de succès avec des pièces mieux faites que par le passé et de charmantes partitions signées de Boïeldieu, Auber, Hérold, Donizetti, Adolphe Adam, Ambroise Thomas, Victor Massé, Grisar, Monpou, Maillard et j'oublie encore quelques noms qui mériteraient d'être cités.

Mentionnons les ouvrages qui ont le plus réussi et donnons la place d'honneur à *la Dame blanche* (1826), le chef-d'œuvre de Boïeldieu. On en donnait il y a peu de jours la 1500me représentation. La première eut lieu le 10 décembre 1825, et, dès le premier soir, le succès fut immense. Les rôles étaient tenus par Ponchard, Féréol, Henri, Mmes Rigaut, Boulanger et Desbrosses. J'ai vu plusieurs fois *la Dame blanche* à cette époque beaucoup trop éloignée de l'an de grâce où j'écris ces lignes; je ne puis m'empêcher de faire cette remarque peu agréable. L'exécution était très bonne. Ponchard chantait parfaitement le rôle de Georges et ne le jouait pas mal; Mme Rigaud dans celui d'Anna se montrait excellente cantatrice, mais actrice plus que médiocre et Mme Boulanger était de tout point charmante dans le rôle de Jenny. Je ne dois pas oublier Féréol dans le fermier

Dikson; mais depuis je lui ai préféré Sainte-Foy. Il chantait mieux que Féréol la partie très belle et très dramatique de Dikson dans le magnifique trio du premier acte. Tout en souriant des terreurs superstitieuses du bon fermier, il faut le prendre au sérieux, tel qu'il est, et c'est ce que Boïeldieu a voulu en lui donnant à dire une des phrases remarquables de sa partition.

Le dernier ouvrage de Boïeldieu, *les Deux Nuits* fut représenté en 1829 à la salle Ventadour. Il était attendu avec la curiosité la plus vive et la plus sympathique. Les éloges, souvent dangereux quand ils sont anticipés, lui étaient prodigués. Nous allions entendre un nouveau chef-d'œuvre de l'auteur de *la Dame blanche*. Malheureusement le succès ne répondit pas à tout ce bruit qu'on avait fait d'avance. Il fut médiocre. C'est cependant une belle partition, parfaitement digne de Boïeldieu. Mais la pièce qui est de Scribe et Bouilly ne vaut rien et nuisit beaucoup.

Ce n'était pas trop la faute de Scribe qui a fait mieux que personne en ce genre. *La Dame blanche* en fournit une des nombreuses preuves. Le sujet intéresse et Scribe s'est servi sept ou huit fois, toujours avec bonheur, de cette même idée d'une protectrice inconnue à laquelle s'abandonne en toute confiance un jeune amoureux. Nous le retrouvons, en effet, dans *le Domino noir, la Part du Diable, la Sirène, le Guitarero*, à l'Opéra Comique, *le Verre d'eau* aux Français, *Chut!* au Gymnase. Quant aux *Deux Nuits*, c'était une vieille pièce de Bouilly que Scribe essaya de rajeunir. Il avait accepté là une besogne ingrate et ne réussit qu'à demi. En résumé il fut parlé beaucoup plus des *Deux Nuits* avant la représentation qu'après.

XV

La Bergère châtelaine, 3 actes; — *Emma*, 3 actes (1821); — *Leycester*, 3 actes (1822); — *la Neige*, 4 actes

(1823); — *le Concert à la Cour* (1824); — *Léocadie*, 3 actes (1824); — *le Maçon*, 3 actes (1825); — *la Fiancée*, 3 actes (1829); — *Fra Diavolo*, 3 actes (1830); — *Lestocq*, 4 actes (1834); — *le Cheval de Bronze*, 3 actes (1835); — *Actéon* (1835); — *les Chaperons blancs*, 3 actes; — *l'Ambassadrice*, 3 actes; — *le Domino noir*, 3 actes (1837); — *Zanetta*, 3 actes (1840); — *les Diamants de la Couronne*, 3 actes (1841); — *le Duc d'Olonne*, 3 actes (1842); — *la Part du Diable*, 3 actes (1843); — *la Sirène*, 3 actes (1844); — *la Barcarolle*, 3 actes (1845); — *Haydée*, 3 actes (1847); — *Marco Spada*, 3 actes (1853); — *Jenny Bell*, 3 actes (1855); — *Manon Lescaut*, 3 actes (1856); — *la Fiancée du roi de Garbe*, 3 actes (1864); — *la Circassienne*, 3 actes (1865); — *Un Premier Jour de Bonheur*, 3 actes; — *Rêve d'amour*, 3 actes, d'Auber.

Quelle heureuse fécondité ! Quel riche emploi d'une longue carrière glorieusement remplie! Auber avait plus de quatre-vingts ans quand il fit *la Circassienne* qui abonde en motifs pleins de fraicheur et ne laisse pas voir un seul instant la trace des années. Un peu plus tard, *Un Premier jour de bonheur* fut représenté cent fois de suite. Une part de succès est due à Capoul qui joua et chanta très bien le rôle principal.

Les livrets de tous les opéras comiques que nous venons d'énumérer sont de Scribe, excepté les deux derniers, *Un Premier Jour de Bonheur* et *Rêve d'amour* qui ont pour auteurs Dennery et Cormon.

Revenons sur quelques-uns de ces ouvrages pour en faire une revue rapide.

Le Concert à la Cour est une perle. Tout y est excellent. Ponchard, Vizentini, Lemonnier, Mmes Rigaut et Boulanger formaient un très bon ensemble et Mme Rigaut faisait des merveilles de vocalise dans le rôle d'Adèle. (1)

---

(1) *Le Concert à la Cour* me rappelle une magnifique représentation donnée le 4 mai 1828

Léocadie fut un brillant succès. Je suis surpris que depuis longtemps on n'ait pas songé à reprendre cette œuvre intéressante, comme pièce, et parfaitement agréable comme musique.

Le Maçon fut joué plus de sept cents fois et était encore au répertoire il y a quelques années. Je connais peu de pages musicales aussi spirituelles que le duo des voisines au troisième acte du *Maçon*.

à l'Opéra, au bénéfice de Dérivis père. On commençait par le 3me acte *d'Œdipe à Colonne*, Melle Prévost, Antigone; Dérivis père, Œdipe. Puis *le Philosophe sans le savoir*, joué par Baptiste aîné, Armand, Cartigny et Melle Mars; *le Concert à la Cour*, Melle Cinti (depuis Mme Damoreau) dans le rôle d'Adèle avec un divertissement où paraissaient Melle Taglioni et tous les premiers sujets de la danse. On finissait par le 3me acte *d'Otello* avec Donzelli et. Mme Malibran. Chose étrange! il y avait peu de monde, peut-être par ce que le prix des places était doublé. Remarquons que c'était encore inférieur aux prix ordinaires d'aujourd'hui. C'est une des plus belles soirées théâtrales auxquelles j'aie assisté.

La Fiancée a été plusieurs fois reprise. Elle reçut tout d'abord le meilleur accueil et l'exécution première confiée à Chollet, Tilly, Mmes Pradher et Boulanger était des plus satisfaisantes. Chollet avait alors une jolie voix de ténor fraiche et pure. Il la dirigeait bien et n'avait pas encore donné dans le faux goût, comme il fit plus tard. On aimait beaucoup Mme Boulanger pour sa bonne grâce, sa belle humeur et sa voix charmante. Elle était parfaite dans les *Rendez-vous bourgeois* et chantait avec un brio entraînant le rondeau: « *Allons, plus de tristesse....* » Mme Pradher était bonne comédienne, cantatrice agréable, et, ce qui vient beaucoup en aide au talent, la plus jolie femme des théâtres de Paris; je pourrais ajouter la plus honnête, ou, si vous le voulez, l'une des plus honnêtes. Jamais elle ne donna prise à la plus légère médisance.

Fra Diavolo figure souvent encore sur l'affiche. Ce fut un des rôles les plus brillants de Chollet et Melle Prévost était ravissante dans le rôle de Zerline. *Fra Diavolo* est une des meilleures partitions d'Auber qui s'y montre tout entier dans la plénitude de ses exquises qualités.

Les Chaperons blancs ne réussirent qu'à demi. Auber en éprouva un véritable chagrin. Il comptait beaucoup sur cette partition et bien des années après il en détacha plusieurs morceaux pour *la Corbeille d'oranges*, opéra en 3 actes, où chantait Alboni.

L'Ambassadrice, le Domino noir, les Diamants de la Couronne, la Part du Diable, Haydée ne sont jamais restés longtemps sans reparaître sur l'affiche. La musique d'Auber essentiellement française est la grâce même. Tout y est mélodie. Il y a plaisir sans fatigue à l'entendre. On y reviendra toujours et l'on fera bien.

A propos des derniers ouvrages que nous venons de citer, n'oublions pas deux talents de premier ordre, Roger et surtout Mme Damoreau. Roger dans *la Part du Diable* et *Haydée*, Mme Damoreau dans *l'Ambassadrice* et *le Domino noir* ont laissé des souvenirs qui sont loin d'être effacés. Si Mme Damoreau ne perdit rien à quitter l'Opéra pour l'Opéra Comique, j'ai toujours pensé que Roger avait eu grand tort de quitter l'Opéra Comique pour l'Opéra. Comme comédien aussi bien que comme chanteur, il avait de précieuses qualités pour l'Opéra Comique tandis que la scène de l'Opéra était trop vaste pour lui. Il lui fallait forcer sa voix et il n'avait plus là les rôles de genre qu'il jouait si bien.

XVI

Marie, 3 actes (1826) ; — *Zampa*, 3 actes (1831) ; — *le Pré aux Clercs*, 3 actes (1832) sont les trois opéras qui ont placé Hérold au premier rang des compositeurs français. La partition seule de *Zampa* suffirait pour immortaliser son nom. Si la pièce avait été bien faite, Zampa aurait eu plus de représentations que *le Pré aux Clercs*, autre chef-d'œuvre, qui a été joué douze cents fois. Il est fâcheux d'avoir ainsi à tenir compte de l'influence du livret. Je l'ai dit déjà, bonne ou mauvaise, mais le plus souvent mauvaise, elle est incontestable et il faut compter avec elle.

La première représentation du *Pré aux Clercs* eut lieu en décembre 1832 et fut accueillie par un véritable enthousiasme que confirmèrent celles qui suivirent. Hérold jouit bien peu de son triomphe. Atteint depuis quelque temps d'une affection de poitrine, il mourut un mois après, le 19 janvier 1833, à l'âge de quarante deux ans. Il allait être nommé membre de l'Institut. L'art musical ne pouvait faire une plus grande perte. Si Hérold avait vécu plus longtemps, nul doute qu'il n'eût doté notre première scène lyrique de quelques belles œuvres qui auraient donné à son nom encore plus d'éclat. L'ampleur qu'on admire dans son style justifiait cet espoir qu'une mort prématurée a transformé en amers regrets.

Antérieurement à *Marie*, Hérold avait fait jouer à l'Opéra Comique *les Rosières*, 3 actes, en 1817, *la Clochette*, 3 actes, en 1818, et *le Muletier*. Je pourrais encore citer *Lasthénie*, un acte à l'Opéra, et *Emmeline*, 3 actes, à l'Opéra Comique. Nous retrouverons aussi le nom d'Hérold, quand nous parlerons des ballets.

Il eut pour librettistes de Planard, de St-Georges, Mélesville et Théaulon. Scribe ne fit rien pour lui. On peut croire qu'il avait toute préférence pour Auber.

XVII

Le Solitaire, 3 actes (1823); — *le Valet de chambre*, (1823); — *Masaniello*, 4 actes (1827); — *Jenny*, 3 actes (1829); — *la Violette*, 3 actes; — *la Prison d'Edimbourg*, 3 actes, de Carafa, né à Naples en 1785. On lui a souvent reproché d'avoir un peu trop imité Rossini. Quand on donna *la Dame du Lac* à l'Opéra sous le titre de *Robert Bruce*, ce fut Carafa qui fit le travail d'adaptation. Rossini n'avait pas voulu toucher à une note. Cette besogne ne lui plaisait pas et il en avait chargé Carafa, son ami intime. Il ne pouvait mieux choisir. C'était un maître qui faisait faire quelques retouches à son tableau par l'un de ses meilleurs élèves. Mais si Carafa a laissé voir dans ses partitions une préférence accentuée pour les formes rossiniennes, il n'en est pas moins vrai qu'il eut sa valeur propre à laquelle il dût de remarquables succès. *Le Solitaire* eut la vogue et *Masaniello* souffrit à peine du voisinage de *la Muette de Portici* qui fut donnée deux mois et demi après. L'immense succès du chef-d'œuvre d'Auber n'empêcha pas *Masaniello* d'attirer pendant longtemps la foule à l'Opéra Comique. Une forte part d'applaudissements revient ici à Ponchard, Valère et Mlle Prévost.

La Prison d'Edimbourg fut beaucoup plus jouée en province qu'à Paris. C'est une œuvre digne de grande estime. La pièce qui est de Planard et de Scribe est bien faite et présente un intérêt soutenu. Elle n'a jamais été reprise à Paris et je crois qu'elle aurait pu l'être avec succès. Il est bien entendu que je parle du passé. Il ne serait plus temps aujourd'hui, mais j'ai tenu à constater le talent non moins gracieux qu'élevé de Carafa qui, à mon avis, n'a pas été mis à la place qui lui était due.

Outre la *Prison d'Edimbourg*, Planard a fait pour Carafa *le Solitaire* et *la Violette*.

Masaniello est de Moreau et Lafortelle et *le Valet de chambre* de Scribe et Mélesville.

XVIII

Le Dilettante d'Avignon. (1829) ; — *l'Eclair*, 3 actes (1835) ; — *les Mousquetaires de la Reine*, 3 actes (1840) ; — *le Val d'Andorre*, 3 actes (1848) de F. Halévy, à qui son bel-opéra de *la Juive* a fait une juste célébrité. Il n'en compta pas moins un certain nombre d'insuccès. J'ai parlé déjà du *Juif errant* et de *la Magicienne* qui furent très froidement accueillis. Il en fut de même du *Drapier*, 3 actes à l'Opéra, de *Valentine d'Aubigny*, 3 actes, de *la Dame de pique*, 3 actes, et des *Souvenirs de Lafleur*, un acte, à l'Opéra Comique. Et quand on pense au temps qu'il faut pour monter un opéra en cinq actes, c'est une cruelle déception s'il ne dépasse guère dix ou douze représentations. Prenons pour exemple *la Magicienne*. De St-Georges met trois mois à faire le livret, Halévy au moins autant à écrire la partition. On répète pendant un an. Décors, costumes, mise en scène représentent des dépenses énormes et tous ces laborieux efforts soumis au public, après quinze jours à peine, disparaissent aux feux de la rampe pour tomber dans l'oubli. Qui se souvient aujourd'hui de *la Magicienne* et de quelques centaines de pièces dont nos théâtres ont depuis lourdement ressenti la chute ?

Halévy est un classique moderne. Sa

musique brille plus par le style que par l'inspiration. Les motifs qui charment et enlèvent n'abondent pas et quand on écoute ses œuvres d'une facture si correcte et si distinguée, à l'estime qu'on accorde sans réserve au compositeur se mêle par moment un peu d'ennui.

Halévy avait un vrai talent littéraire et se serait fait un nom comme écrivain. Il est mort à Nice en 1861.

XIX

Le Châlet, (1834); — *le Postillon de Lonjumeau*, 3 actes (1836); — *le Brasseur de Preston*, 3 actes (1837); — *la Reine d'un jour*, 3 actes; — *Giralda*, 3 actes d'Adolphe Adam, l'élève aimé de Boïeldieu. Nous lui devons une foule de bonnes soirées bien employées à entendre de la musique agréable; plaisir facile qui a bien son prix. A suivre longtemps les maîtres dans les hautes régions de l'art musical, l'oreille se fatigue, ainsi que les yeux à suivre le vol de l'aigle. Il est des oiseaux chanteurs que j'aime, qui me charment et l'auteur du *Châlet* en est un. Qu'il ait travaillé trop vite, qu'il ait improvisé ses opéras, c'est possible. Mais je répondrai que le temps ne fait rien à l'affaire et que je ne me suis jamais ennuyé à entendre un opéra d'Adam.

Le Châlet a été joué plus de mille fois. Tout le monde connaît ce petit chef-d'œuvre. C'est comme *la Dame blanche* et *le Pré aux Clercs* et ce rapprochement est le plus bel éloge que je puisse adresser à Adolphe Adam.

Le Postillon de Lonjumeau reparait de temps en temps sur l'affiche. Il y a là un rôle de prédilection pour les ténors légers. Les plus laids et les plus mal bâtis n'hésitent jamais à chanter : « *Ah ! qu'il est beau le postillon de Lonjumeau !....* »

Mlle Miolan, depuis Mme Carvalho fit son premier début dans *Giralda*. C'était alors une frêle jeune fille qui se tenait mal, avait une voix assez faible, mais une excellente méthode. Elle savait déjà chanter et devint une admirable virtuose. Je place dans mes meilleurs souvenirs et comme une merveille d'incomparable exécution musicale, l'air du page des *Noces de Figaro* chanté par Mme Miolan Carvalho. Mais à ses débuts dans *Giralda* c'était simplement Mlle Miolan. Elle avait peur, comme toute débutante, et fut peu remarquée.

Nous ne devons pas oublier plusieurs opéras comiques d'Adolphe Adam dont nous dirons quelques mots quand nous nous occuperons plus loin une fois encore du Théâtre lyrique.

XX

La Double Echelle (1837); — *le Perruquier de la régence*, 3 actes (1828); — *le Panier fleuri*; — *Mina*, 3 actes; — *le Caïd*, 2 actes (1849); — *le Songe d'une Nuit d'été*, 3 actes (1850); — *Psyché*, 3 actes (1857); — *le Carnaval de Venise*,

3 actes;— *Mignon*, 3 actes (1866) d'Ambroise Thomas, talent correct, rarement inspiré. « Quand les idées lui manquent « et elles lui manquent souvent, a dit « l'un de nos plus savants critiques, « Mʳ Ambroise Thomas en déguise l'ab- « sence si habilement par le métier, que « le public s'y trompe fort bien. »

Membre de l'Institut, directeur du Conservatoire, Commandeur de la Légion d'honneur, Ambroise Thomas a eu toutes les satisfactions d'amour-propre et toutes les bonnes chances possibles. Ainsi à la trentième de *Mignon* on pensait à retirer la pièce qui ne faisait pas d'argent. Les recettes remontent de quelques centaines de francs, on fait ses frais; le succès s'accentue et l'on va à cent représentations.

XXI

Nous aurions encore à citer un nombre important d'œuvres de mérite qui, de 1850 à 1870, alimentèrent le répertoire de l'Opéra Comique. La liste en serait bien longue ; mais je ne pourrais passer sous silence sans commettre le plus injuste oubli :

Les Deux Reines (1835) ; — *le Luthier de Vienne* (1836) ; — *Piquillo*, 3 actes (1837) de Monpou, élève de Choron, né en 1804, mort en 1841. Talent remarquable empreint d'une véritable originalité. Il eut un succès de vogue presque sans pareille avec *l'Andalouse*, d'Alfred de Musset qu'il mit en musique avec un entrain, une crânerie tout à fait dignes des vers charmants de notre grand poëte. Monpou était haut placé dans l'opinion et il est à croire qu'il aurait été l'un de nos premiers compositeurs, si la mort ne l'avait pas frappé à 37 ans.

Le livret de *Piquillo* est d'Alexandre Dumas père, en collaboration avec Gérard de Nerval. Je ne connais pas d'autre opéra comique de Dumas. Mais il n'a pas fait que cela ! Que n'a-t-il pas fait, cet esprit fécond et charmant, drames, comédies, romans, mémoires, récits de voyage, et l'on irait bien à cent volumes sans compter tout ce qu'il a signé de confiance, après y avoir à peine touché !

La Fille du régiment, 2 actes, l'un des 66 opéras de Donizetti ; — *les Noces de Jeannette* ; — *Galatée*, 2 actes, de Victor Massé. Deux grands succès.

Le rôle de Galatée fut créé de la façon la plus brillante par Mme Ugalde qui était entrée peu de temps auparavant à l'Opéra Comique dans de fort modestes conditions. Elle venait de la province et avait été engagée au Théâtre lyrique pour *les Monténégrins*, un opéra de Limnander. Le théâtre ferme : *les Monténégrins* passent à l'Opéra Comique et sont mis en répétition. On ne savait à qui confier l'un des rôles importants de la pièce. On cherche, on fait plusieurs essais qui ne satisfont pas. Mr Batton, un compositeur distingué, professeur au Conservatoire, se trouvant là par hasard, dit qu'il avait vu ce rôle fort bien répété au Théâtre lyrique par une débutante dont il ignorait le nom ; « C'est bien ce qu'il vous faut, dit-il au

« directeur ; elle ne vous coûtera pas cher. »
Ce qui fut dit fut fait et le lendemain Mme Ugalde vint répéter *les Monténégrins* à l'Opéra Comique.

Cela dura trois mois. Personne ne faisait attention à la nouvelle venue. Un jour Mlle Lavoix qui devait jouer dans *l'Ambassadrice*, fait dire qu'elle est malade. L'affiche était posée. Il fallait changer le spectacle ; ce qui est toujours désagréable. Mme Ugalde se propose timidement pour remplacer Mlle Lavoix dans le rôle d'Henriette qu'elle a souvent chanté en province. On y consent en hésitant un peu. On en sera quitte pour faire une annonce. Mme Ugalde chante à merveille et est rappelée plusieurs fois. Le lendemain à mon cercle on parlait de ce succès inattendu, et j'entendais dire que Mme Damoreau était égalée. Il y avait là sans doute de l'exagération ; mais dès ce jour Mme Ugalde prit la première place à l'Opéra Comique. Elle était applaudie à plusieurs salves dans *le Domino noir*, le

Pré aux Clercs et *les Diamants de la Couronne*. Vint ensuite *Galatée* qui fut pour elle un véritable triomphe. Elle enlevait la salle entière dans les couplets de *Bacchante* du second acte.

Quant aux *Monténégrins* ce fut une chute ou à peu près.

J'ai insisté sur cet incident de la vie artistique de Mᵐᵉ Ugalde, parce qu'il offre un de ces nombreux exemples de la part énorme du hasard et de l'occasion dans les choses du théâtre. Et ce n'est pas au théâtre seulement. La carrière des arts a cela de terrible que des hommes de talent à qui il ne faudrait que l'occasion, meurent sans qu'elle soit venue.

Lalla-Roukh, 2 actes de Félicien David. Ce charmant ouvrage de l'auteur du Désert a été repris plusieurs fois.

Le Voyage en Chine, 3 actes, de F. Bazin. Cent représentations de suite. Musique agréable. Excellent livret d'Eugène Labiche; c'est plein d'esprit et de gaieté. Je ne sais plus quel directeur de province avait un beau jour jugé à propos de supprimer la musique de *la Dame blanche,* parce que, disait-il, elle ralentissait l'action. La plaisanterie était parfaitement mauvaise. En vérité elle le serait moins à propos du *Voyage en Chine* qui est une pièce des plus amusantes où l'absence de la musique serait peu remarquée. Elle a été jouée ainsi, sans musique, à Saint-Pétersbourg, avec beaucoup de succès.

XXII

Cette longue énumération me paraît prouver avec une incontestable évidence que jamais théâtre ne fut plus richement pourvu que notre Opéra Comique. Mais presque tout cela n'appartient plus qu'au passé. L'opéra comique est près de sa fin; L'opérette a pris sa place et je crois avoir dit ce que, sans excès de sévérité, il est juste de dire de l'opérette où le grotesque et la charge vont de pair avec la musique et deviennent les éléments nécessaires du succès. Ajoutez, comme complément sur l'affiche, un nom en faveur, une étoile de minime grandeur. Aujourd'hui c'est Judic, c'est Jeanne Granier. Mais demain le public en voudra d'autres et les choses se passeront ainsi jusqu'au jour où l'opérette disparaîtra pour céder la place à l'inattendu que l'avenir nous réserve.

XXIII

Avant d'en finir avec l'opéra comique et pour commettre le moins possible d'oublis immérités, j'ai un mot à ajouter à ce que j'ai dit du Théâtre lyrique installé d'abord vers 1851, au boulevard du Temple, puis, en 1852, place du Châtelet où il fut incendié en 1871 à la fin de la Commune. Les opéras comiques qui ont le plus réussi à ce thèâtre sont:

Si j'étais Roi! 3 actes 1852; — *le Bijou perdu*, 3 actes; — *la Poupée de*

Nuremberg, d'Adolphe Adam ; — *la Fanchonnette*, 3 actes (1855) de Chapisson, le plus grand succès obtenu au Théâtre lyrique ; — *la Fanchonnette* a été reprise il y a quelques années à la salle Favart ; — *la Perle du Brésil*, 3 actes, de Félicien David ; — *la Reine Topaze*, 3 actes, de Victor Massé ; — *les Dragons de Villars*, 3 actes, de Maillard. Cette œuvre remarquable fait maintenant partie du répertoire de l'Opéra Comique et parait souvent sur l'affiche.

Des artistes de mérite ont paru sur la scène du Théâtre lyrique et les noms de la plupart ne sont pas oubliés.

Je citerai Léon Achard, Monjauze, Meillet, Ismaël, Barré, Mmes Carvalho, Christine Nilson, Marie Cabel, Gueymard-Lauters, Viardot, Marie Sasse, Ugalde, Caroline Duprez, Marimon, Meillet et Daram.

CHAPITRE VI

Le Vaudeville

I

Il y avait au commencement du siècle deux théâtres de vaudevilles; nous en avons eu quatre depuis; maintenant il n'y en a plus un seul. C'est encore un exemple des transformations qui se sont opérées au théâtre depuis cette époque qui, bien qu'elle soit loin de nous, ne représente pourtant qu'une courte durée dans la vie d'une nation. Ce qui plaisait alors a vieilli. Depuis longtemps déjà on n'en veut plus.

Jusqu'en 1820 les Théâtres du Vaudeville et des Variétés exploitèrent les pièces à couplets, en ayant chacun leur genre bien déterminé. Le Vaudeville était le théâtre de la bourgeoisie et faisait ses délices en lui offrant la gaieté contenue et la note sentimentale. Aux Variétés, c'était la petite pièce grivoise, le tableau populaire, la grosse gaieté poussée parfois jusqu'à la charge, comme dans *les Anglaises pour rire*, et l'excellente bouffonnerie de *l'Ours et le Pacha*.

En 1820 le Gymnase dramatique ouvrit ses portes aux comédies-vaudevilles de Scribe qui firent la fortune de ce charmant théâtre et onze ans plus tard le Palais-Royal commença une ère de prospérité qui dure encore et une série de succès dont le nombre et la qualité constituent un riche répertoire. On a dit souvent que la véritable comédie de notre temps, la comédie qui descend de Molière, était au Palais-Royal. Il y a beaucoup de vrai dans cet éloge à peine exagéré.

II

Le théâtre du Vaudeville s'installa en 1792 rue de Chartres, sous la direction de Piis, occupant une salle de bal appelée le Wauxhall d'hiver. Arlequin et Colombine y figurèrent d'abord comme les principaux personnages. Que de pièces, bon Dieu, où le nom d'Arlequin se trouve dans le titre! J'en compte plus de soixante. *Arlequin à Alger, Arlequin changé en nourrice, Arlequin et le Pape, Arlequin roi dans la lune, Arlequin confiseur, libraire, journaliste, imprimeur, afficheur, peintre, portier, etc., etc.*, toujours *Arlequin* et je vois parmi les auteurs Barré, Radet, Desfontaines, Désaugiers, Martinville, Rougemont, Armand Gouffé, Dupaty, Brazier, Saintine, Scribe et Clairville, alors sans doute qu'il était acteur à Bobino. (1)

---

(1) Au dix-huitième siècle on joua au moins soixante-dix pièces portant le titre d'*Arlequin* affublé de qualifications de toutes sortes. Un auteur du nom de Fatouville fit jouer à la foire St-Germain : *Arlequin, lingère du palais*, un anonyme, *Arlequin fille malgré lui*; Lesage, l'auteur de *Turcaret*, *Arlequin, valet de Martin* ; Marivaux, *Arlequin poli par l'amour*. Dominique excellait dans ce rôle où se trouvait parfois

Cela dura assez longtemps ; puis le public se fatigua d'Arlequin et de Colombine qui allèrent, faute de mieux, jouer la pantomime et faire enrager Pierrot aux Funambules du boulevard du Temple.

Ce fut alors que des pièces d'un genre différent ramenèrent la foule au théâtre de la rue de Chartres, entre autres, *Fanchon la vielleuse*, avec Mᵐᵉ Belmont, *les Deux Edmonds*, avec l'excellent comédien Joly, *la Somnambule*, avec Gonthier et Mᵐᵉ Perrin, *le Hussard de Felsheim*, avec Lepeintre aîné et Minette, une fine et spirituelle actrice, *Kettly*, avec Lafont et Pauline Geoffroy qui avait les larmes faciles et donnait à merveille la note sen-

---

l'accent de la comédie. Je ne sais plus dans quelle pièce il disait en parlant de la noblesse : « Si « Adam s'était avisé d'acheter une charge de « gentilhomme du Roi, nous serions tous gentils- « hommes. » Puis encore : « Autrefois les gens « de qualité savaient tout sans avoir rien appris ; « mais à présent ils apprennent tout, sans rien « savoir. »

timentale, *la Laitière de Montfermeil*, avec la toute charmante Jenny Colon, *Marie Mignot*, avec Bernard Léon et Suzanne Brohan, un grand talent qui eût été parfaitement accueilli aux Français. Ses deux filles, Augustine et Madeleine y ont brillé depuis au premier rang.

Arnal, après avoir passé quelques années aux Variétés à jouer des amoureux insignifiants, entra au vaudeville en 1827 et trouva dans *l'Humoriste* son premier succès et son premier monologue qui fut suivi de tant d'autres d'un comique ébouriffant. Tout rôle d'Arnal a son monologue. C'était indispensable. On l'attendait et il y en a de très réussis. L'esprit de Duvert s'y livrait à ses plus hautes fantaisies. C'est de 1835 à 1838 que Duvert donna *Heur et Malheur*, *le Mari de la Dame de Chœurs* et *les Impressions de voyage*. Ses collaborateurs furent Bayard pour *le Mari de la Dame de Chœurs*, Lauzanne et Basset pour *Heur et Malheur*, et Lauzanne et Saintine pour *les Impressions de voyage*. Il ne pouvait travailler seul et se perdait dans les détails. Il délayait trop et faisait des scènes de douze pages tout émaillées de mots à effet. Il fallait couper, condenser, rendre la pièce possible. C'était la besogne des collaborateurs. Mais les pièces signées de Duvert ont bien son cachet que l'on reconnaît vite.

On peut dire aussi que Duvert a eu besoin d'Arnal. Le comédien a, pour ainsi dire, complété l'auteur. Sans Arnal Duvert eut été imparfaitement compris. Il a fait des rôles pour Vernet, Sainville, Alcide Tousez, Ravel. Mais Arnal, plus qu'aucun autre a fait connaître au public tout l'esprit, toute la saveur d'un répertoire d'une incontestable valeur et ce qu'il a fait pour Duvert, personne ne pourra le faire après lui.

Ajoutons aux pièces que je viens de citer, *les Gants jaunes* de Bayard, 1835, *un Bal du grand monde* de Varin, et 1836. Arnal y était fort amusant et bien secondé par Armant, Bardou et Louise

Mayer. Arnal jouant les comiques habillés, emploi difficile où les sujets sont rares et presque toujours plus ou moins défectueux, tenait à avoir en scène avec lui des jeunes premières jolies, comme l'étaient alors Louise Mayer, Eugénie Fleury qui fut depuis Mme Doche, Adèle Page. Arnal, tout en faisant rire, mettait beaucoup de feu et de passion dans ses rôles d'amoureux et ne voulait aimer qu'une femme réellement jolie. Il trouvait avec raison que la vraisemblance y gagnait, et le succès en même temps. Que de fois, en effet, un charmant visage a fait réussir une mauvaise pièce !

III

En 1838 la salle de la rue de Chartres brûla et le Vaudeville, après un séjour provisoire au boulevard Bonne-Nouvelle, vint s'installer place de la Bourse. Là avait été d'abord le théâtre des Nouveautés qui ouvrit le 1ᵉʳ mars 1827 et ne fit pas ses affaires, bien qu'il comptât dans sa troupe Potier, Bouffé, Lafond, Philippe, MM^mes Albert et Déjazet. L'Opéra comique y vint ensuite ; mais la salle n'était pas assez grande pour faire les recettes qu'exige un genre excessivement coûteux. Même avec des succès on avait peine à couvrir les frais. La location faisait trop attendre. On ne voulait pas être ajourné à un mois et l'on ne revenait pas. C'était autant de perdu. L'Opéra comique prit la salle Favart et le Vaudeville lui succéda place de la Bourse. Pendant plus de dix ans son séjour n'y fut pas heureux ; de 1840 à 1851, il ferma sept fois. Cependant, outre un bon répertoire, plusieurs pièces nouvelles réussirent parfaitement : *le Plastron*, 1839 ; *Passé minuit*, 1839 ; *Riche d'amour*, 1845. Malgré l'excellent comique d'Arnal dans ces trois pièces, cela ne pouvait suffire. Il n'en est pas moins vrai que tous ceux que cet original de Pingouin a tant fait rire dans *Riche d'amour,* ne l'ont certainement pas oublié.

Quelque temps après, Arnal quitta le Vaudeville pour aller aux Variétés et ce fut une perte sensible pour un théâtre qui marchait difficilement.

IV

La Révolution de 1848 qui nous donna la République, fit tout d'abord beaucoup de mal aux théâtres. On peut se souvenir qu'elle eut une teinte assez lugubre. La saison en était peut-être un peu cause. Toutefois on chanta et beaucoup trop. Les chants patriotiques envahirent Paris. Impossible de faire cinquante pas hors de chez soi, sans avoir aux oreilles le chant des Girondins : « *Mourir pour la* « *patrie.....* » On demandait la *Marseillaise* dans tous les théâtres, même aux Français où Rachel la chantait ou plutôt la déclamait avec un grand effet. Je me sou-

viens de l'avoir entendu exécuter dans
la salle du Conservatoire par l'orchestre
de la Société des Concerts, qui faisait
merveilleusement valoir cette magnifique inspiration musicale.

V

Après les sanglantes journées de juin
un mouvement de forte réaction se manifesta et plusieurs théâtres en tirèrent
profit, le Vaudeville surtout. Il fit de
grosses recettes avec *la Propriété, c'es
le vol*, de Clairville et de Vaulabelle, e
les quatre numéros de *la Foire aux Idées*
de Leuven et Lhéric. Il est certain que l
succès de ces pièces, malgré les nombreuse
et bruyantes protestations dont elles furen
l'objet, portèrent une atteinte sérieuse
la République de 1848. Dans les grande
crises politiques le théâtre devient u
écho de l'opinion qui se fait entendre e
retentit au loin. Tant pis pour le gou
vernement qui l'a contre lui. Quant

l'avoir pour lui, rien n'est plus rare. C'est l'éternel succès de Polichinelle qui nous plaira toujours, parce qu'il bat le commissaire. Tout ce que le gouvernement peut désirer, c'est que le théâtre se taise à son égard, et sans que ce silence lui soit imposé.

VI

Ces succès à tapage durèrent peu, comme tout ce qui est de circonstance. Ce ne fut qu'en 1852 que *la Dame aux Camélias* d'Alexandre Dumas fils ramena les beaux jours au Théâtre du Vaudeville. Ils furent de longue durée. *Le Mariage d'Olympe*, 3 actes, 1855, une des plus belles comédies d'Emile Augier, *les Faux Bonshommes*, 5 actes, 1856, un chef-d'œuvre, et *les Filles de marbre*, 4 actes, de Théodore Barrière, *les Vivacités du capitaine Tic*, 3 actes, 1861, d'Eugène Labiche, *la Famille Benoiton*, 5 actes, et *Nos Intimes*, 4 actes, de Victorien Sardou, sont les pièces qui me sembient avoir le plus contribué à maintenir cet état prospère. Il cessa au moment même où il y avait toute raison d'en espérer la continuation.

En 1868 l'ouverture d'une rue nouvelle exigea la démolition du Théâtre de la Bourse, et le Vaudeville vint au boulevard des Capucines, occuper l'angle de la rue de la chaussée d'Antin. On ne pouvait désirer un meilleur emplacement. La salle était jolie, éblouissante de dorures, pas trop incommode. Malgré cela le public ne vint pas et les premières années furent mauvaises. Les terribles évènements de 1870 empirèrent encore la situation. On compta pourtant quelques succès. *Rabagas*, comédie semi-politique de Sardou, fit longtemps recette. Lafond s'y montra parfait comédien. Mais peu de temps après, la direction n'en finit pas moins par sombrer. Alors les acteurs se mirent en société, montèrent sans grande confiance une pièce qui traînait depuis plusieurs années dans les cartons et, par un de ces hasards qui sont fréquents au théâtre, où l'imprévu joue un si grand rôle, cette pièce fut un succès de plus de cent représentations. C'était *le Procès Vauradieu,* 3 actes, de Delacour et Hennequin. Vinrent ensuite *les Dominos roses,* des mêmes auteurs, puis plusieurs jolies comédies, *Dora,* de Sardou, *le Club* et *les Tapageurs,* de Gondinet. Le succès des *Tapageurs,* a été très brillant et très mérité. J'y ai remarqué une grande dépense d'esprit des plus fins et de bon aloi. Ces trois actes sont, je crois, ce que Gondinet nous a donné de mieux jusqu'à présent. C'est largement fait sans trop de souci de l'action, ce que j'aime assez, et les traits d'observation vraie y sont semés à profusion.

VII

La troupe du Vaudeville a toujours été bonne. Mais dans son ensemble, elle n'a pas eu sur l'affiche la même force d'attraction que celles des Variétés, du Gymnase et du Palais-Royal. Elle n'en a pas moins compté un grand nombre de sujets très distingués. J'en ai nommé déjà plusieurs. Je dois ajouter à ceux que j'ai cités, Amant, Lepeintre jeune, Fechter, Saint-Germain et deux bons comédiens qui sont encore aujourd'hui au Vaudeville, Parade et Delannoy. Ils sont restés depuis trente ans fidèles à leur théâtre et n'ont pas suivi l'exemple de tant d'autres qui l'ont quitté, quelques-uns pour y revenir sur leurs vieux jours, comme pour revoir et habiter encore quelques instants la maison où ils avaient passé leurs jeunes années. Lafond qui avait débuté dans *Kettly* au Vaudeville rue de Chartres, en 1826, créa un rôle dans *Rabagas* un demi-siècle plus tard à ce même Théâtre, boulevard des Capucines. Arnal, qui y était entré en 1827, y revint en 1868 et joua un rôle de garçon d'hôtel dans *le Petit Voyage,* un acte des mieux réussis d'Eugène Labiche. Le rôle a soixante lignes. Arnal y était très amusant et tirait parti de chaque mot. Seulement sa mémoire était fatiguée. Les soixante lignes lui suffisaient. Il avait été convenu que Labiche ne les dépasserait pas.

VIII

Ici se place naturellement cette simple réflexion. Les célébrités de la scène, acteurs et actrices, mais surtout chanteurs et cantatrices, restent trop tard au théâtre. Il en est peu qui aient le bon esprit de se retirer à temps, quand ils commencent à voir derrière eux le point culminant du succès. On descend vite le plus souvent. Mais l'amour-propre les aveugle et l'on ne s'imagine pas les vastes proportions que prend d'habitude l'amour-propre d'un comédien. Ils ne se voient pas déchoir. Et puis pour beaucoup, la vie, c'est le théâtre. Ne plus jouer, plutôt mourir ! Potier voulait absolument jouer dans *l'Enfance de Louis XII*, au Palais-Royal, le jour de la mort de sa fille. Le directeur, Dormeuil, eut de la peine à l'en empêcher. Enfin pour quelques-uns, c'est le besoin d'argent. Ils ont dépensé au jour le jour de gros appointements. Il faut vivre. C'est une raison ; mais elle est triste à donner, quand on en arrive à déplaire au public.

IX

Nous avons vu que le Vaudeville avait fermé sept fois dans l'espace de onze années, de 1840 à 1851. Autant de directeurs ruinés, sans compter ceux qui, à ce même théâtre, l'avaient été auparavant, ni ceux qui le furent depuis. On en trouverait aussi un assez bon nombre dans les autres théâtres depuis le commencement du siècle. Mais c'est le Vaudeville qui a fourni le plus fort contingent. Saint-Marc-Girardin a dit que la littérature est le plus agréable des loisirs et le plus détestable des métiers. Une direction de théâtre n'est pas un agréable loisir, tant s'en faut ! mais il est certain que c'est un mauvais métier. Et cependant qu'un théâtre tombe, vingt postulants se présentent pour en obtenir le privilège. Ils ont mille chances contre eux. C'est égal, ils veulent tenter l'aventure et jouir du privilège de perdre leur argent. Il est vrai que c'est le plus souvent l'argent des autres.

Pourquoi cette convoitise ? quelle pensée, ou plutôt quelle passion les entraîne ? L'amour du pouvoir ! On domine, on est le maître. Deux cents existences dépendent de la volonté du directeur. D'un signe de tête il satisfait ou il désole. Il accueille les pièces, il les refuse. Il donne des loges à ses amis qui trouvent le spectacle mauvais et se plaignent d'être mal placés. De jolis minois lui adressent leurs regards les plus doux. Mais malheur à lui s'il n'observe pas à l'égard de son personnel féminin le vœu de chasteté.

Auteurs, acteurs, actrices ne peuvent pas le souffrir et sont aux petits soins pour lui. On le grise de compliments et de flatteries. Il les croit sincères, il s'épanouit, il se gonfle jusqu'au jour où, bon gré, malgré, il descend du pouvoir directorial et ce jour-là tout le monde lui tourne le dos.

Ce n'est pas un portrait que je fais ici, bien entendu, et j'admets toutes les exceptions qu'on voudra.

X

Après le Vaudeville de la rue de Chartres vient par ordre de date le Théâtre des Variétés. Il ouvrit, sous la direction de Brunet, le 27 juin 1807, boulevard Montmartre où il est encore aujourd'hui, et ne compta guère que des jours heureux.

La pièce d'ouverture, *le Panorama de Momus*, de Désaugiers, fut accueillie par d'unanimes bravos. Il y avait mis sa bonne et franche gaieté.

La salle était charmante.

En tête de la troupe étaient Brunet et Tiercelin.

Potier qui venait de la province, débuta deux ans après, en 1809, dans *Maitre André* et *Poisinet*. Il avait 24 ans. Il eut d'abord peu de succès. Il fallait se faire à sa longue figure et à sa voix défectueuse. Mais c'était déjà un talent hors ligne et il ne tarda pas à occuper la première place.

Les meilleurs rôles de Brunet étaient les Jocrisses fort à la mode alors, — c'est d'ailleurs un type éternel.— *Monsieur Vautour, le Prince Mirliflor, la Famille des Innocents* et des travestis où il plaisait beaucoup, comme dans *la Petite Cendrillon* et *les Anglaises pour rire*.

Les Jocrisses se comptaient par vingtaine aux Variétés. Il paraît qu'on ne pouvait s'en lasser. Mais c'est surtout dans *le Désespoir de Jocrisse* de Dorvigny que ce personnage crédule et si comiquement maladroit, excitait un fou rire. Je citerai encore *Jocrisse aux Enfers* de Désaugiers, *Jocrisse maître et valet* de Séwrin.

Trente ans plus tard Duvert fit pour Alcide Tousez *la Sœur de Jocrisse*; c'est une des plus jolies pièces du répertoire du Palais-Royal. Nous avons eu encore à ce même théâtre *les Jocrisses de l'Amour*, de Théodore Barrière, une bonne comédie, et quel titre excellent ! Des jocrisses, il y en a partout, sans parler de la politique qui en absorbe les trois quarts à elle seule !

Tiercelin tenait avec un très grand succès l'emploi des savetiers. C'était *le Savetier et le Financier*, *le Savetier de Chartres*, vaudeville en un acte dont il était l'auteur, d'autres savetiers encore. On aimait cela, et Tiercelin était si bien entré dans la peau du bonhomme, suivant l'expression consacrée au théâtre, qu'on disait plaisamment alors, que sublime dans les savetiers, il eût été déplacé dans les cordonniers.

Tel brille au second rang, qui s'éclipse au premier.

Un des meilleurs rôles de Tiercelin fut aussi Taconnet dans *Préville et Taconnet*, de Merle et Brazier.

XI

Potier obtint ses premiers succès dans *le Ci-devant jeune homme, les Deux Précepteurs, Verther, le Conscrit*, où il faisait rire et pleurer, *le Solliciteur* (1817) de Scribe. Il était bien amusant avec Brunet dans *Je fais mes farces*, de Désaugiers.

En 1818 il quitta les Variétés pour la Porte-St-Martin où la foule le suivit. Il y eut de très heureuses créations qui ne sont pas encore tout à fait oubliées : *le Tailleur de J.-J. Rousseau, le Bourguemestre de Saardam* et le père Sournois des *Petites Danaïdes*. Dans ce dernier rôle il tirait partie de ses défauts mêmes, et faisait rire aux larmes en chantant, avec une voix caverneuse et impossible, comme personne n'a jamais chanté.

Il revint en 1831 aux Variétés où je l'ai vu dans le *Chiffonnier*, *le Bénéficiaire* et *les Inconvénients de la Diligence*, trois pièces en cinq petits actes de Théaulon.

Le Bénéficiaire a été beaucoup joué et chaque soir Potier trouvait en scène des effets et des mots nouveaux. Il lui en était venu encore à la centième représentation. Chez lui l'impromptu était inépuisable. Aussi ajoutait-il beaucoup à ses rôles. Les auteurs n'aiment pas cela et ils ont raison. J'ai entendu plus d'une fois siffler des plaisanteries plus ou moins mauvaises qui n'étaient pas dans la pièce et que les acteurs s'amusaient à improviser. On appelle ça des cascades; quand elles déplaisent, c'est bien à l'auteur que s'adressent les sifflets, non à l'acteur et rien n'est plus désagréable. Ancelot, de vaniteuse mémoire, avait imaginé là un moyen de sauvegarder son amour-propre d'auteur et quand une de ses pièces était sifflée, ce qui lui arrivait de temps en temps, il lançait un regard furibond aux acteurs en s'écriant : « *Les maladroits ! ils m'ont encore changé quelque chose !* »

Et 1827 Potier entra aux Nouveautés, puis en 1833 au Palais-Royal où il resta peu de temps. Il eut un de ses derniers succès dans *l'Enfance de Louis XII*, vaudeville en un acte de Mélesville.

Potier mourut en 1838, âgé de soixante-trois ans. Il fut un des premiers comédiens de notre époque.

XII

D'autres noms contribuèrent à la fortune du Théâtre des Variétés. Elle ne pouvait être mieux confiée qu'à des talents justement aimés du public, tels que Jenny Vertpré, Flore, Jenny Colon, Lepeintre aîné, Odry, Vernet, Lafond, Arnal et Numa. Jenny Vertpré rappelle *Ninetto à la cour, la Chercheuse d'esprit;* Jenny Colon, *la Semaine des Amours;*

Lepeintre aîné, *le Soldat laboureur ;* Odry, l'illustre Bilboquet des *Saltimbanques ;* Vernet, *Prosper et Vincent, Phœbus, Mathias l'invalide ;* Serinet de *Ma femme et mon parapluie* et Monsieur Gaspard du *Père de la débutante ;* Lafond, *la Croix d'or* et *le Chevalier du guet ;* Arnal, *Riche d'amour, le Supplice de Tantale, Un Monsieur qui prend la mouche ;* enfin Numa, *Un Ami acharné* où il était excellent. Mais je pourrais me reprocher de passer sous silence un grand nombre de vaudevilles qui alimentèrent avec succès le répertoire des Variétés.

XIII

En 1836, dans un moment difficile, une détermination grave fut prise. Les Variétés à qui le rire va si bien, voulurent essayer du drame et donnèrent la première représentation de *Kean,* d'Alexandre Dumas, avec Frédéric Lemaître. Ce fut un succès en même temps qu'une maladresse. Frédéric n'était pas à sa place. Ce cadre étroit ne lui convenait nullement. Le vaudeville ne tarda pas à revenir à un théâtre qui lui devait une longue prospérité, et prolongea de quelques années encore une existence destinée à s'éteindre et à disparaître dans l'oubli. Bientôt en effet, quelques noms à peine émergeront de ce passé pour figurer honorablement dans l'histoire du théâtre en France. J'y réclame une place pour Vernet, comédien d'un rare talent qui était la vérité même. J'ai vu Geoffroy que j'aime beaucoup, jouer au Gymnase *Mathias l'invalide*. Il était inférieur à Vernet. Certes Geoffroy est tout à fait des premiers aujourd'hui et je crois faire là un grand et juste éloge de Vernet.

XIV

Et comment ne pas dire quelques mots de plus de ce farceur d'Odry dont le nom vivra aussi longtemps que celui du père Bilboquet, le sceptique et profond philosophe? Ils sont inséparables l'un de l'autre. Que de joyeux éclats de rire quand nous avions Odry et Vernet dans les mêmes pièces, comme *la Neige, Tony, Mme Gibou et Mme Pochet, les Enragés,* où la jolie voix de Jenny Colon formait un charmant appoint, et puis encore la spirituelle folie de *l'Ours et le Pacha,* avec Lepeintre aîné dans le rôle de Lagingeole et Brunet dans celui de Schahabaham, caractère crédule, dit la brochure du temps! Ce fut le 18 février 1820 que la première représentation en fut donnée et plus d'une fois, d'ici à bien longtemps, elle reparaîtra sur nos affiches de théâtre.

Je vis un jour Odry dans une situation fort désagréable dont il se tira habilement. On jouait pour la première fois *la Voix de Duprez,* monologue dit par lui et dont il était l'auteur. Au bout de quelques minutes le public s'impatiente. Odry commence une cavatine, «*Toi que j'adore*» fait un couac : « Bon dit-il, j'ai un chat sur mon toit. » Cette plaisanterie d'un goût douteux ne plaît pas. On siffle, mais on siffle si bien qu'Odry ne peut continuer et quitte la scène. Etant à la fois auteur et acteur, il n'y avait pas pour lui d'illusion possible. La mésaventure était complète. Devant une scène vide tout naturellement on fait silence ; le public se calme et croit qu'on va baisser le rideau. Pas du tout. Derrière un œil de bœuf qui occupe le milieu de la toile de fond apparaissent les petits yeux et le nez tirbouchonné d'Odry qui dit de sa voix la plus caressante : « Eh bien ! êtes-vous toujours méchants ? » Et le public de rire et d'applaudir. Odry reprend son monologue qu'il mène sans nouvel encombre jusqu'à la fin.

XV

Vers 1864 les Variétés abandonnèrent définitivement le vaudeville et se livrèrent, corps et âme à l'opérette. Offenbach prit en maître ou plutôt en maëstro, possession de la maison où entrèrent triomphalement *la Belle Hélène, Barbe-Bleu* et *la Grande Duchesse de Gérolstein*. Nous en parlons plus loin au chapitre où il est exclusivement question de l'Opérette.

XVI

En faisant une revue rapide du temps où le vaudeville fleurissait au Théâtre des Variétés, je n'ai presque rien dit des auteurs à qui revient une forte part de cette prospérité. Elle s'est rarement démentie pendant plus d'un demi-siècle et c'est Désaugiers qui, avec son inépuisable gaieté, a donné l'élan. Sewrin, Merle, Théaulon, Duvert, Dumersan, Brazier, Varin, Carmouche l'ont suivi à diverses distances et avec plus ou moins de succès. Le plus grand nombre de pièces appartient à Brazier et Dumersan. Ainsi Brazier en a fait jouer cent vingt-cinq dont près de cinquante en collaboration avec Dumersan, numismate distingué en même temps qu'auteur dramatique des plus féconds.

Dumersan, né en 1870 au château de Castelnau dans le Berry, descendait d'une famille noble de Bretagne. Attaché en 1795 au cabinet des médailles de la Bibliothèque nationale, il publia des ouvrages scientifiques, fit des romans et surtout du théâtre. Son répertoire se compose de 238 pièces pour la plupart en collaboration. L'un de ses meilleurs titres est d'avoir collaboré avec Varin pour *les Saltimbanques*. Je serais tenté de croire que la part de Varin fut la plus forte. Il y a en effet dans cette comédie bouffonne une foule de mots venus à merveille, et Varin excellait à trouver le mot. Il faut dire qu'il mettait à sa recherche une rare conscience et une grande opiniâtreté. On le voyait venir au café des Variétés, s'asseoir dans un coin et rester, pendant deux heures, sombre, immobile et silencieux. Il cherchait un mot, et ne quittait la place que quand il le tenait et qu'il l'avait travaillé, retourné, enchâssé, mis en relief pour en tirer tout l'effet. Varin eut, comme Duvert, la spécialité du mot. Voyez *les Saltimbanques, le Docteur Chiendent, une Passion, le Caporal et la Payse*, ou bien encore *la Rue de la Lune* où le soleil ne paraît jamais, nous disait-il, dans la crainte d'y rencontrer son épouse.

XVII

Deux théâtres ont joué encore des vaudevilles jusqu'en 1860 environ, le Gymnase et le Palais-Royal. Parlons d'abord du Gymnase qui se présente le premier en date. Il ouvrit le 22 décembre 1820. Enfermé dans les limites d'un privilège qui eut rendu toute exploitation impossible, le directeur, Delestre Poirson, sut en éluder les conditions en se plaçant sous la protection de S. A. R. la Duchesse de Berry. Deux ans après le Gymnase prit le nom de Théâtre de Madame qu'il garda jusqu'à la Révolution de Juillet.

Ce fut l'époque de sa plus grande prospérité. Avec trois pièces en un acte on faisait salle comble et pendant les huit dernières années de la Restauration la vogue resta fidèle à cet heureux théâtre qu'on appelait le boudoir ou bien encore la bonbonnière du boulevard Bonne-Nouvelle. La plus grande partie de cette vogue fut due au talent si justement aimé de Scribe qui, sur les 350 pièces qu'il fit représenter, en donna plus de 200 au Gymnase. Aussi est-il permis de dire que, si le Gymnase porta pendant huit ans le titre de Théâtre de Madame, il fut, en réalité, pendant près de trente ans le théâtre de Scribe. Un cadre un peu étroit convenait parfaitement à l'auteur du *Diplomate*, des *Premières Amours* et de *la Demoiselle à marier*, et la petite scène du Gymnase a plus contribué peut-être à illustrer son nom que l'Opéra, l'Opéra Comique et même le Théâtre-Français.

XVIII

La troupe du Gymnase eut dès l'ouverture Perlet et Bernard Léon. Perlet, gendre de Tiercelin et premier prix du Conservatoire, débuta dans le rôle de Rigaudin de *la Maison en loterie*. Comédien très fin, un peu froid, se grimant à merveille, il plut beaucoup tout d'abord et ne tarda pas à faire recette. Bientôt les renforts survinrent. Ce fut la petite Léontine Fay, un enfant prodige, puis Gontier, Mme Théodore, Déjazet, Jenny Vertpré, Mme Allan, Ferville, Numa, Legrand, Paul et Allan. Nous arrivons ainsi à la fin de la Restauration et nous allons parcourir rapidement cette brillante période pendant laquelle la comédie-vaudeville obtint ses plus beaux succès.

XIX

La liste serait longue et nous devons nous borner à citer quelques pièces seulement, *l'Héritière, le Charlatanisme, le*

Secrétaire et le Cuisinier, le Diplomate, la Demoiselle à marier, le Mariage de raison, la Quarantaine, les Premières Amours, Partie et Revanche, Malvina, le Plus beau jour de la vie, la Seconde année, Simple histoire, Louise ou la Réparation, Avant, Pendant et Après. Toutes ces pièces sont de Scribe qui les a faites en collaboration avec Germain Delavigne, Mélesville, Mazères, Varner, Bayard et de Rougemont. Il faut excepter *Malvina ou Un Mariage d'inclination* qui est de Scribe seul. Mais combien Scribe et ses collaborateurs ont été secondés par les excellents artistes que je viens de nommer !

XX

Perlet avait ses meilleurs rôles dans *le Comédien d'Etampe, le Gastronome sans argent, l'Artiste, le Landau, le Secrétaire et le Cuisinier.* J'ai vu peu de comédiens produire autant d'effet et tenir aussi bien son public. Sans avoir la moindre prétention à occuper l'emploi de baryton-ténor, il chantait assez habilement pour aborder de grands morceaux d'opéra comique et faisait applaudir à plusieurs reprises dans *le Secrétaire et le Cuisinier* le rondo de *Joconde* avec les paroles suivantes que je place ici, parce qu'elles donnent la note du temps et sont d'un tour facile et de belle humeur :

> Partout on connaît le mérite
> De mes soufflés, de mes salmis ;
> Et Cuisinier cosmopolite,
> Travaillant pour tous les pays,
> Léger en cuisine française
> Profond dans la cuisine Anglaise,
> Partout j'ai changé mes ragoûts
> Selon l'appétit et les goûts,
> Mais quelle injustice profonde !
> Le génie, hélas ! reste à jeun ;
> J'ai, dans mon talent peu commun,
> Fait des dîners pour tout le monde
> Et je n'en puis pas trouver un !
> Quoi ! votre fierté me rejette !
> Quoi ! votre mémoire est muette !

Vous que mon mérite a lancés,
Vous tous qu'aux honneurs j'ai poussés !
Vous surtout qu'avec la fourchette
Sur le Parnasse j'ai placés !
C'est une honte pour notre art
De vouloir me mettre à l'écart ;
   Car
Partout on connaît le mérite
De mes soufflés, de mes salmis, etc. etc.

CANTABILE

Heureux cent fois le cuisinier vulgaire
Qui, loin des cours que je veux oublier,
Poursuit en paix sa modeste carrière,
Et fait sauter, chez quelque bon rentier,
L'humble omelette et l'anse du panier !
 Que dis-je ! et quelle erreur nouvelle !
Moi qu'en tous lieux on appelle
Le César de la béchamelle
Et l'Alexandre du rosbif !
Invoquons mon génie actif ;
Reprenons cet air insolent,
Noble apanage du talent ;
   Car
Partout on connaît le mérite
De mes soufflés, de mes salmis, etc. etc.

Le Théâtre Français voulut avoir Perlet, et fit valoir le droit qu'il avait alors, de prendre dans les théâtres secondaires les sujets qui lui convenaient. Perlet résista et plutôt que de céder préféra quitter la France. Il alla donner des représentations en Angleterre et renonça définitivement au théâtre en 1828. Il était riche pour ce temps-là et avait une faible santé.

XXI

Bernard Léon était un bon gros comique qui avait la gaieté naturelle, la meilleure de toutes au théâtre. Il avait fait ses preuves au Vaudeville et était parfaitement placé dans les rôles habillés, ce qui, ainsi que nous l'avons dit, est assez rare chez les comiques. Pourquoi ne donnerai-je pas encore place à un rondo que Bernard Léon chantait avec beaucoup de verve dans *le Coiffeur et le Perruquier*? C'est sur l'air des *Comédiens*. Mais qui connaît aujourd'hui l'air des *Comédiens*? C'était pour la fin d'une scène un air de sortie. Il y en avait beaucoup alors, sans compter la walse de *Robin des Bois* dont on a fait un usage immodéré. Après tout l'air ou plutôt, pour employer le mot technique, le timbre des *Comédiens* valait bien, ma foi, les plus jolis motifs de MM. Jonas, Serpette, Vasseur et compagnie :

>   Jours fortunés, jours d'honneur et de gloire,
>   Vous n'êtes plus.... Mais à mon triste cœur,
>   Tant qu'il battra, votre douce mémoire
>   Viendra toujours rappeler le bonheur
>
>   Au temps jadis, la poudre qui m'est chère
>   Dans tous les rangs brillait avec éclat ;
>   Elle parait l'élégant militaire,
>   Le jeune abbé, le grave magistrat,
>
>   Il m'en souvient ! dans ma simple boutique
>   Soir et matin se pressaient les chalands
>   Et sur leur chef, arrosé d'huile antique,
>   Je bâtissais d'énormes catagans.
>
>   Dans tout Paris, dans toute la banlieue
>   Mon coup de peigne était alors cité
>   Quand je faisais une barbe, une queue,
>   J'ai vu souvent le passant arrêté.

Adieu la gloire, adieu les honoraires !
Tout est détruit ! nos indignes enfants
Ont méconnu les leçons de leurs pères
Et de notre art sapé les fondements.

La catacoua s'est, hélas ! écroulée,
Ils ont coupé les ailes de pigeons ;
Et du boudoir la pommade exilée
Se réfugie au dos des postillons.

Ma vieille enseigne est un vrai simulacre !
J'ai vu s'enfuir tous les gens du bon ton ;
Heureux encore lorsqu'un cocher de fiacre
A mon rasoir vient livrer son menton !

Jours fortunés, jours d'honneur et de gloire,
Vous n'êtes plus ! mais à mon triste cœur,
Tant qu'il battra, votre douce mémoire
Viendra toujours rappeler le bonheur.

XXII

Jamais théâtre n'a présenté un ensemble plus complet que le Gymnase, à cette florissante époque où il porta le titre de Théâtre de Madame. Je citerai seulement *l'Héritière*, jouée par Gonthier, Ferville et M*me* Théodore ; *les Premières Amours* par Gonthier, Legrand et Jenny Vertpré ;

le Mariage de raison par Gonthier, Ferville, Numa, Paul, Léontine Fay et Jenny Vertpré, ou bien encore *Malvina* par Ferville, Paul, Allan, Julienne et Léontine Fay, qui fut depuis Mᵐᵉ Volnys.

C'était aussi l'âge d'or du couplet ; non pas que j'en prenne la défense ; il appartient trop au convenu. On ne peut prétendre avoir en scène des personnages vrais, quand on leur fait chanter des couplets. Voyez-vous dans un moment pathétique l'acteur cessant de parler pour exprimer sur l'air de *la Sentinelle* la passion qui l'agite et l'entraine ! Non, le couplet est incompatible avec la Comédie, bien qu'une foule de pièces portent le titre de comédie-vaudeville. Mais enfin le couplet était alors à la mode. Il y en avait de charmants dans les pièces de Scribe et une remarque à faire, c'est que les plus jolis, mis en prose, ne signifient plus rien. Le couplet est intraduisible et je désire en donner deux exemples seulement. J'en trouverais mille !

Ainsi dans *le Diplomate,* une des plus ingénieuses pièces de Scribe, voici un couplet qui en 1827 était applaudi et redemandé :

>J'aime le bal, le bruit et la musique !
>Est-il un temps qui soit mieux employé ?
>Les noirs chagrins, les soins, la politique,
>Tout dans un bal est bientôt oublié.
>Un bal vaut seul un traité d'alliance ;
>Je formerais, si j'étais souverain,
>Tous mes sujets en une contredanse,
>Pour les forcer à se donner la main.

Mettez cela en prose; faites dire à votre jeune premier : « J'aime le bal et je ne « connais pas de meilleur traité d'alliance. « Si j'étais souverain, je réunirais tous « mes sujets en une contredanse, pour « les obliger à se donner la main. » Cela serait tout simplement long, et sans esprit. Le public ne sourirait même pas.

Autre exemple. C'est dans *Malvina.* Marie, une aimable jeune fille, dit le couplet suivant :

Pour jamais sortir de ma sphère,
Je n'ai pas assez de talents ;
C'est pour cela qu'il me faudrait, ma chère,
Un mari comme je l'entends,
Qui, me comprenant tout de suite,
Se contentât d'être chéri,
Et voulut bien prendre pour du mérite,
Tout l'amour que j'aurais pour lui.

Ne trouvez-vous pas ce couplet gracieux et touchant ? Ne voyez-vous pas là l'expression d'un cœur aimant heureusement traduite ? Eh bien, en prose, l'effet, sans disparaître entièrement, serait amoindri de beaucoup. Il n'y aurait plus qu'une phrase de dialogue qui risquerait fort de passer inaperçue.

Donc le couplet avait du bon ; le couplet avait sa valeur propre et remplaçait souvent le parler avec avantage. Toutefois je ne saurais blâmer le public d'à-présent de n'en plus vouloir et, pour cette excellente raison qui prime toutes les autres, nos auteurs dramatiques d'y avoir renoncé.

XXIII

Après la révolution de Juillet le Théâtre de Madame redevint le Gymnase dramatique. Bouffé y entra en 1831. Presque toutes les créations de ce comédien remarquable ont laissé des souvenirs, entre autres *le Bouffon du Prince, Pauvre Jacques, Michel Perrin, la Fille de l'avare, les Vieux Péchés, les Enfants de troupe* et *le Gamin de Paris*. Ces pièces eurent un nombre considérable de représentations et furent souvent reprises. Une part du succès revient à Eugénie Sauvage dans *la Fille de l'avare* et *le Gamin de Paris* et plus encore à Jenny Vertpré qui était charmante dans *les Vieux Péchés*.

Bouffé était très aimé du public et le méritait. Il laisse un nom qui restera. Pourtant, tout en rendant justice à ses qualités, j'avoue que je supportais mal ses défauts. Je le trouvais soigneux du détail à l'excès. Avec ses exclamations admiratives et infiniment trop répétées pour du bon pain blanc : « Ah quel beau pain ! comme il est blanc ! — Fais donc voir, cher enfant du bon Dieu ; — et comme il sent bon, hein ! — On ne m'en donne jamais comme ça ! » — Avec ses lamentations qui n'en finissaient pas, lorsque dans Pauvre Jacques il lui fallait se séparer de son piano, il allongeait si bien les rôles qu'un acte durait un bon quart d'heure de plus. Il donnait dans le tatillonnage et la sensiblerie. On en plaisantait bien un peu. Pour parler d'une scène émouvante dans telle ou telle pièce, on disait qu'on y vendait son piano et je me souviens d'une spirituelle méchanceté d'Auguste Lireux : « Bouffé, « nous disait-il, c'est un paquet de ficelles « trempées de larmes. » Mais je me souviens aussi qu'un soir, dans les dernières années qu'il a passées au théâtre, je l'ai vu jouer admirablement le père Grandet de *la Fille de l'avare*. Il fit un grand effet et toute la salle le rappela après le premier acte. Il y avait peu de monde. Ce n'en était que plus glorieux pour lui ; car rien n'est plus difficile que d'exciter l'enthousiasme dans une salle à moitié vide.

XXIV

Parmi les pièces qui ont eu le plus de succès dans la période de 1830 à 1840 il est juste de citer *les Malheurs d'un amant heureux*, deux actes, de Scribe seul (1833). Le premier acte est un chef-d'œuvre et était joué avec un merveilleux ensemble par Numa, Ferville, Paul, Allan, M^{des} Volnys et Allan. Malheureusement le second acte ne vaut pas le premier.

En 1835 Mme Volnys quitta le Gymnase pour débuter aux Français dans le *Don Juan d'Autriche* de Casimir Delavigne. Deux ans plus tard, eut lieu le début de Rachel dans *la Vendéenne*. Son séjour au Gymnase fut de courte durée et passa inaperçu.

XXV

Vers 1840, le directeur, Delestre Poirson se brouilla avec la Société des auteurs dramatiques qui mit le Gymnase en interdit ; ce qui veut dire qu'aucune pièce, ancienne ou nouvelle, d'un auteur faisant partie de la Société ne pouvait y être représentée. Delestre Poirson soutint pendant plus d'une année cette lutte inégale. Il eut recours à quelques jeunes auteurs peu expérimentés, qui n'étaient pas de force à maintenir un théâtre comme le Gymnase. La tâche était trop lourde. Peu à peu le public s'éloigna. Les recettes étaient presque nulles et Delestre Poirson fatigué de perdre de l'argent, céda son théâtre à M. Lemoine Montigny à qui M. Koning vient de succéder.

Il est à remarquer que le Gymnase depuis son ouverture, n'a guère eu que deux directeurs et j'ajouterai qu'il ne s'en est pas plus mal porté, bien au contraire.

XXVI

M. Montigny, en prenant possession du Gymnase s'empressa de traiter avec la Société des auteurs dramatiques. Il reconnaissait là une puissance qui représente la loi du plus fort. *Dura lex!* s'écrient les directeurs. Mais, si la Société des auteurs dramatiques fondée en 1829 et fortement organisée, laisse voir dans ses statuts un esprit autoritaire et parfois même un peu despotique, elle n'en mérite pas moins une place élevée dans l'histoire du théâtre de notre temps. Ses volontés sont impérieuses, c'est vrai; auteurs et directeurs doivent s'y soumettre; mais elle prétend, avec raison, je crois, que c'est dans l'intérêt de tous. C'est l'ordre, c'est la règle, c'est l'unité, trois conditions qui assurent le succès de toute entreprise et de toute institution. Après avoir fixé des droits largement rémunérateurs, la Société défend aux auteurs, sous peine d'exclusion, de consentir à un rabais quelconque. N'a-t-elle pas cent fois raison? En les maintenant dans des limites rigoureusement tracées, elle assure d'honorables moyens d'existence à tous et sauvegarde leur dignité professionnelle. Sans cette tutelle qui veille, sans ces prescriptions sévères, combien ne verrait-on pas de compromis fâcheux, de regrettables concessions que ferait faire un besoin momentané d'argent? Dans un moment difficile on donnerait pour 500 fr. une pièce qui peut-être en rapporterait dix mille et c'est ainsi que le talent même ne saurait préserver de la gêne et de la misère.

Que se passait-il, en effet, avant que la Société des auteurs dramatiques fut fondée ? On livrait une pièce à un directeur pour une somme une fois payée: c'était souvent peu de chose; le prix de la carte à payer au restaurant voisin. On faisait de la collaboration, *en sablant le Champagne*, comme on disait alors. Je lis dans l'intéressante histoire des petits théâtres de Brazier, que bien des pièces ont pris naissance au café des Cruches, rue Saint-Louis-St-Honoré. Les vaudevilistes de ce temps avaient choisi là une singulière enseigne. N'ai-je pas entendu dire qu'après un déjeuner chez Borel, au Rocher de

Cancale, Désaugiers avait donné aux Variétés *le Diner de Madelon* pour 200 fr. Or, ce simple et gai vaudeville aurait rapporté cent fois plus, si les droits que les auteurs touchent depuis 1829 lui avaient été appliqués.

J'ai fait une biographie de Mague St-Aubin, auteur-acteur qui, vers la fin du siècle dernier, a fait plus de 60 pièces pour les petits théâtres de Paris, et qui a fini par être écrivain pubic et par mourir à Bicêtre en 1822.

« Eh bien, disais-je en finissant, si la
« société des auteurs dramatiques avait
« existé alors, à peu près organisée com-
« me elle l'est aujourd'hui, Mague St-
« Aubin, au lieu de finir misérablement
« sa vie dans un hospice, aurait sans nul
« doute acquis une grande aisance, et
« peut-être même une importante fortu-
« ne. Il eut le tort de naître un demi-siè-
« cle trop tôt. »

XXVII

Les beaux jours de la Comédie-Vaudeville étaient passés et la direction de M. Montigny compta plusieurs années médiocres et même difficiles jusqu'au moment où les grandes pièces sans couplets s'emparèrent de la scène du Gymnase.

Geoffroy, Achard, Gil-Pérès, égayèrent le répertoire avec quelques petits actes insignifiants; cela ne suffisait pas pour faire recette.

En 1843, une jeune fille qui avait eu des succès en province dans une troupe que son père dirigeait, fut engagée par M. Montigny sur la recommandation de Bayard. C'était Rose Chéri. Ses débuts ne furent pas remarqués. Personne n'y fit attention. Un an se passa ainsi. Elle allait tristement retourner en province, lorsqu'un soir remplaçant à l'improviste Nathalie dans *Une Jeunesse orageuse*, elle fut très vivement applaudie et rappelée plusieurs fois. Cette heureuse soirée fut le point de départ d'une brillante carrière dramatique. En 1847, M. Montigny l'épousa. Mais elle conserva son nom de Rose Chéri que le public avait adopté.

De nombreuses et importantes créations la placèrent bientôt au premier rang. Je citerai *Philiberte, Clarisse-Harlow, Diane de Lys, le Mariage de Victorine, le Demi monde, le Gendre de M. Poirier, le Fils naturel, les Pattes de mouches, M*^{me} *de Cérigny, le Piano de Berthe* et j'en pourrais citer encore. A peine jolie, elle était bien plus, elle était charmante. Jamais elle ne forçait l'effet, même dans les situations les plus dramatiques, et, comme qualités exquises, la distinction la plus parfaite, le goût le plus pur dominaient dans son jeu. Victime de son dévouement maternel, elle mourut en 1861 en ne voulant pas quitter un seul instant son fils atteint d'une angine couenneuse. L'enfant fut sauvé, mais la mère mourut.

XXVIII

Le touchant souvenir de Rose Chéri m'a fait interrompre l'ordre chronologique que j'ai désiré suivre dans ce tableau du théâtre de notre temps.

La Révolution de 1848 fut une rude épreuve pour le Gymnase. Il en sortit avec honneur et Rose Chéri vendit ses diamants pour aider son mari à payer le personnel du théâtre.

Quelques pièces réactionnaires eurent du succès, entre autres, *le Bourgeois de Paris*, vaudeville en trois actes de Dumanoir et Clairville.

Un peu après *Un Fils de famille*, 3 actes, de Bayard fut très bien accueilli. On y comptait peu. Bayard était furieux contre le directeur qui avait ajourné la pièce pour faire place au *Mariage de Victorine*, de Gœrges Sand. Ce fut tout bénéfice pour Bayard. En effet *Un Fils de famille* qui devait être joué en plein été, aurait probablement attiré peu de monde et serait vite tombé dans l'oubli. Au contraire, grâce à un retard imprévu, la pièce fut donnée en bonne saison, fit de l'argent et resta au répertoire.

Je me souviens, à ce sujet, des vives protestations de quelques vieux généraux que je voyais alors à mon cercle, et qui prétendaient qu'on n'aurait pas dû laisser jouer *Un Fils de famille,* parce que la discipline y est tournée en moquerie. Il est vrai que Bressant, le fils de famille, faisait de Lafontaine, son colonel, un personnage parfaitement ridicule. Au théâtre cela peut passer, mais au régiment, c'est autre chose et mes braves collègues du cercle des Arts ne s'indignaient pas tout à fait sans raison. Quant à ce bon public, il était enchanté; il trouvait tout simple qu'un brigadier bafouât son colonel. Le contraire lui aurait déplu.

XXIX

Enfin les grosses recettes revinrent et pour longtemps avec le puissant concours d'Emile Augier, de Dumas fils et de Sardou. Ce fut autant de triomphes pour Rose Chéri. Mais si elle contribua beaucoup à la fortune du Gymnase, ajoutons qu'elle fut très bien secondée. J'ai nommé dans le deuxième chapitre *la Comédie* la plupart des comédiens distingués qui créèrent les rôles du *Fils naturel, du Gendre de Mr Poirier* et du *Demi-Monde*. J'ai dit que ces œuvres remarquables n'avaient pas été mieux jouées aux Français qu'au Gymnase et c'était porter bien haut l'éloge. Eh bien, je dirais plus encore, si je ne me défiais un peu de mes souvenirs, je dirais qu'elles ont été mieux jouées au Gymnase qu'aux Français. Quelle est donc la sociétaire de la Comédie Française qui s'est montrée supérieure à Rose Chéri dans la baronne d'Ange? Ce n'est certainement pas Melle Croizette. Et Adolphe Dupuis dans Olivier de Jalin? et Geoffroy dans Aristide Fressard? Je préfère Got à Lesueur dans le bonhomme Poirier. Mais sur ce point j'ai rencontré bien des opinions contraires à la mienne. Dans cette période de 1851 à 1861 le Gymnase ne fut pas moins florissant que l'avait été le Théâtre de Madame.

XXX

De nombreux et honorables succès signalèrent les années qui suivirent. Je me contenterai d'en citer quelques uns; *Montjoie*, 5 actes, d'Octave Feuillet, avec Lafond; *les Vieux Garçons* et *Nos Bons Villageois*, de Sardou; *les Idées de Mme Aubray*, d'Alex. Dumas fils; *le Voyage de M. Perrichon*, d'Eugène Labiche, avec l'excellent Geoffroy.

Le Voyage de M. Perrichon, une des meilleures comédies de notre temps, avait été fort négligemment traité par M. Montigny. A la vingtième représentation on donnait la pièce en dernier, à 10 heures 1/2, pour finir le spectacle. C'était la sacrifier. Après avoir été demandée par M. Perrin, administrateur du Théâtre Français, qui la garda cinq ou six ans sans la jouer, elle a passé dernièrement à l'Odéon où elle a été jouée deux cents fois de suite.

XXXI

N'oublions pas *Froufrou*, jolie comédie d'Henri Meilhac, où Aimée Desclée, la seule et vraie Froufrou, morte jeune encore, a laissé un souvenir durable et des regrets bien mérités.

Depuis quelques temps déjà le Gymnase semble ne plus avoir de genre déterminé. La troupe est faible et ses beaux jours sont passés. Le public l'abandonne. Puisse-t-il trouver bientôt la voie qui doit le lui ramener !

XXXII

Nous avons quitté depuis trop longtemps le terrain du vaudeville qui fait l'objet de ce sixième chapitre. Rentrons-y gaiement en parlant du Palais-Royal. Non pas que le couplet y ait vécu plus longtemps que chez ses concurrents. Ce joyeux théâtre a dû y renoncer; mais il est resté gai, Dieu merci, et si le flon-flon a cessé de s'y faire entendre, le rire et la bonne humeur n'y ont rien perdu. Le répertoire de Labiche est là pour le prouver.

Il nous faut prendre les choses de plus haut et parler d'abord des vingt années pendant lesquelles a régné le couplet.

Le Théâtre du Palais-Royal ouvrit le 6 juin 1831, sous la direction de Dormeuil et Charles Poirson, le frère de Delestre Poirson. Son étoile fut constamment heureuse. Que de bonnes folies y ont été représentées et combien d'excellents comiques y ont payé une large part à l'amusement du public! Samson et Régnier contribuèrent à ses premiers succès; puis survinrent Sainville, Alcide Tousez, Levassor, Achard, Leménil, Potier pendant quelques temps, Ravel, Grassot, Lhéritier, Hyacinthe, Arnal, Amant; plus tard Brasseur et Lassouche; enfin l'un de nos meilleurs comédiens, Geoffroy, qui en 1862 quitta le Gymnase pour le Palais-Royal. Là, par exemple, les actrices représentent parfaitement le sexe faible, je ne voudrais pas dire dans toute l'acception du mot.

La beauté y a souvent tenu lieu de talent. Il en est pourtant quelques-unes qui auraient pu se passer d'être jolies. Je ne parle pas de la bonne Mme Thierret qui n'a jamais eu de prétention à la beauté et je place bien au-dessus de toutes, la spirituelle comédienne qui a su dépasser l'âge où la retraite s'impose, sans cesser d'émerveiller le public. J'ai nommé Virginie Déjazet.

XXXIII

Née en 1797, Virginie Déjazet débuta à 6 ans dans *Fanchon toute seule,* au théâtre des jeunes comédiens, boulevard des Capucines, puis aux Variétés dans *Quinze Ans d'absence* de Merle et Brazier et dans *les Petits Braconniers*. Après avoir parcouru la province et fait les délices de Lyon et de Bordeaux, elle vint en 1821 au Gymnase où je me souviens de l'avoir vue dans *la Famille normande* avec Bernard Léon et dans *Le plus beau jour de la vie* avec Numa. Elle fit ensuite un séjour de quelques années au Théâtre des Nouveautés, puis entra en 1831 au Palais-Royal. Ce fut là qu'elle obtint ses plus beaux succès. Je citerai entre autres, *Vert-Vert, Frétillon, Un scandale* de Duvert et Lauzanne et trois pièces de Bayard et Dumanoir, *Indiana et Charlemagne, Les premières armes de Richelieu* et *le Vicomte de Létorières*.

XXXIV

On peut dire qu'à partir de 1848 et pendant vingt cinq années au moins le Palais-Royal fut le théâtre d'Eugène Labiche. Je compte plus de soixante-quinze joyeuses pièces qui ont été représentées, presque toutes avec beaucoup de succès et dont quelques unes resteront longtemps encore au répertoire pour faire rire ceux qui viendront après nous. On y trouve cette franche gaieté que le temps ne vieillit pas. Je ne puis énumérer une liste qui, avec des citations et des commentaires formerait bien vite un volume entier. Remarquons en passant que ce volume n'aurait, à coup sûr, rien d'ennuyeux.

Embrassons-nous, Folleville, Un jeune homme pressé, le Chapeau de paille d'Italie Mon Isménie, la Perle de la Cannebière, la Cagnotte, Celimare le bien aimé, Le plus heureux des trois, la Commode de Victorine, Les 37 sols de M. Montaudoin, la Grammaire, quelle suite interminable d'éclats de rire et comme cela met l'esprit en belle humeur et fait bien à la santé ! « N'oubliez pas, je vous prie, de remercier de ma part votre ami Labiche des bonnes soirées que je lui dois, me disait un jour un de mes collègues du Cercle des arts. » Ce témoignage de reconnaissance me plait. Ce n'est que justice et, pour moi, je ne me contente pas d'admirer Molière. Je l'aime peut-être plus encore que je ne l'admire pour toutes les heures agréables, instructives, fortifiantes que, tant de fois dans ma vie, j'ai passées à lire ses chefs-d'œuvre et à les voir représenter.

Eh bien, Labiche est de la famille de

Molière. On l'a dit cent fois et, à mon avis, on a eu raison de le dire. Parmi les auteurs comiques de notre temps il occupe une des premières places, sinon la première. Où la supériorité de Labiche me parait évidente, c'est dans la façon dont il fait parler ses personnages. Mieux que personne, il trouve à point le mot de situation et sait donner au dialogue l'accent soutenu qu'exige le théâtre, sans laisser voir la recherche de l'effet et sans jamais s'écarter du naturel et de la vérité.

XXXV

Les pièces que nous aurions encore à citer en dehors du répertoire de Labiche n'ont aucun rapport avec le titre de ce sixième chapitre. Quelques-unes sont de charmantes comédies signées de noms que le succès a suivis partout, *le Roi Candaule, le Réveillon, la Boule* d'Henri Meilhac; *Gavaud, Minard et C*^{ie}, et *le Panache* de Gondinet. On peut y ajouter *les Jocrisses de l'amour* dont j'ai déjà dit un mot.

XXXVI

Et maintenant, pour finir, parlons de la troupe du Palais-Royal qui a presque toujours possédé les meilleurs comiques de Paris. Ne serait-il pas juste de rappeler quelques rôles de ces gais comédiens dont je me suis contenté de dire les noms? Donnons leur un souvenir qui leur est bien dû.

Quel bon éclat de rire que Sainville ! Quelle verve et que sa gaieté fantaisiste était entrainante dans *l'Almanach des 25 mille adresses, Père et Portier, le Tigre du Bengale, l'Omelette fantastique, le Misanthrope et l'Auvergnat, Mon Isménie, les Manchettes d'un Vilain, Embrassons-nous, Follevile, la Femme qui perd ses jarretières,* une bien amusante folie, *Actéon et le centaure Chiron,* où Alcide Tousez lui disait si bien : « Mon pauvre Chiron, il y a des moments où c'est votre train de derrière qui domine dans vos raisonnements, » *Un jeune homme pressé, Soufflez-moi dans l'œil*, et bien d'autres qui rempliraient une page entière!

Alcide Tousez était un acteur plein de naturel et fort aimé du public. Il ne chargeait pas, qualité rare chez les comiques, et les auteurs le goûtaient beaucoup. Il servit souvent d'excellent compère à Sainville et était très amusant dans *la Sœur de Jocrisse*.

Achard, joyeux comédien et chanteur agréable, seconda bien Déjazet dans *Indiana et Charlemagne* et *la Maitresse de langues*. Il était très bon, ainsi que Léménil, dans *Bruno le fileur*, des frères Cognard.

On n'a pas tout à fait oublié Amant, une bonne ganache, l'oncle Vésinet du *Chapeau de paille d'Italie*. C'est lui qui dans *Edgard et sa bonne* disait à Ravel perché sur une échelle pour accrocher des rideaux par ordre de Florestine : « Où est-« il, ce cher Edgard Baudeloche.... Tiens, « qu'est-ce que vous faites là ? — Je

« souffre tant, lui répondait Ravel en se « prenant la mâchoire, que je ne sais où « me mettre! » Dans les *Dames de Montenfriche* Amant était très drôle et tout enchanté d'avoir acheté pour quatorze francs un autographe de Don Quichotte.

Enfin nous avons encore à rappeler Grassot, le père Nonancourt du *Chapeau de paille d'Italie,* s'écriant de sa voix toujours enrouée: « Mon gendre, tout est « rompu!... vous vous conduisez comme un paltoquet. » et Ravel si amusant dans *le Caporal et la Payse,* spirituel et fin dans *Un Monsieur qui suit les femmes,* de Th. Barrière et Decourcelle, une des plus jolies pièces du répertoire du Palais-Royal.

Aujourd'hui, en l'an de grâce 1880, Geoffroy et Lhéritier, qui s'est mis sur le tard à avoir beaucoup de talent, se tiennent vaillamment en tête de la troupe. Mais elle a fait des pertes sensibles. Avec quel ensemble et quel irrésistible entrain a été menée près de cinq cents fois *la Cagnotte* depuis la première scène jusqu'à la dernière! Il n'en est pas tout à fait de même à présent; et puis les gros succès n'arrivent plus et l'on peut craindre que les beaux jours du Palais-Royal ne soient passés. Cela serait très fâcheux. Car c'est un théâtre qui a plus de valeur qu'on ne pense généralement, et bien des fois la bonne comédie a passé par là.

CHAPITRE VII

Les Ballets.

I

Le ballet qui, bien que sur un second plan, a pris part au mouvement théâtral de notre temps, constate aussi les changements survenus dans le goût du public depuis le commencement du siècle. Les phases diverses par les quelles a passé sur notre première scène lyrique ce genre de divertissement et que nous allons retracer brièvement le démontrent avec la plus entière évidence.

Disons d'abord que les ballets ont toujours été mieux représentés à l'Opéra de Paris, que sur les théâtres étrangers. Cette supériorité est grande sous le rapport de la mise en scène et des décors, si j'en juge par ce que j'ai vu en Italie, en Angleterre et en Allemagne. De plus la musique de nos ballets a de tout temps été confiée à nos premiers compositeurs. Méhul, Chérubini, Berton, Auber, Hérold, Halévy, Carafa, Adolphe Adam, qui avaient à leur service le premier orchestre du monde.

II

La danse noble et sévère, héritage du siècle précédent, fut en honneur jusqu'en 1825 environ. C'était la tradition des Gardel des Dupré et de la dynastie chorégraphique des Vestris, Vestris 1er, le *Diou* de la danse, qui dans sa suprême vanité disait: « Il n'y a que trois grands hommes en Eu-« rope, le roi de Prusse, mousu de Voltaire « et moi. » et son fils Auguste Vestris II qui débuta en 1772, à l'âge de douze ans et ne quitta le théâtre qu'en 1816. Il avait une prodigieuse légèreté et dans son enthousiasme le grand Vestris s'écriait: « Si « Auguste ne craignait pas d'humilier ses « camarades, il resterait toujours en l'air. » Alphonse Royer raconte dans son intéressante histoire de l'Opéra, le fait suivant qui pourrait paraître invraisemblable aujourd'hui: « Le jour où débuta le grand « Auguste, le 25 août 1772, l'auteur de ses « jours, en grande toilette de ville, l'ac- « compagna sur la scène pour le présenter « aux spectateurs et lui dit: « Mon fils, « rappelez-vous qui vous êtes; le public « vous attend et votre père vous regarde. » Puis, après les trois saluts d'usage, il rentra dans la coulisse, au bruit des applaudissements.

Les œuvres chorégraphiques qui figurèrent le plus souvent sur l'affiche penpant les vingt cinq premières années du siècle furent *Nina* ou *la Folle par amour*, *Flore et Zéphire*, *Clari*, *le Page inconstant*, *les Pages du duc de Vendôme*. Les premiers sujets de la danse étaient Duport, Albert, Montjoie, Coulon et surtout Melle Bigottini qui prit sa retraite en 1823, après avoir été justement admirée, comme mime incomparable, pendant plus de vingt années.

III

La période qui suivit fut très brillante et se prolongea jusqu'en 1860. Elle s'ouvrit par le succès de vogue d'un charmant ballet d'action, la *Somnambule*, de Scribe, pour lequel Hérold écrivit une musique ravissante. Mme Montessu fut très remarquable, comme mime, dans le rôle principal. Puis cette même année (1827) eurent lieu les débuts de Mlle Taglioni qui opéra une véritable révolution dans l'art de la danse et porta une atteinte mortelle à la vieille école. *La révolte au Sérail, la Sylphide, la Belle au bois dormant, la Fille du Danube* furent autant de triomphes pour elle. Dans cet art, qui, de temps immémorial, a charmé les yeux, la grâce et la poésie chaste n'ont jamais été mieux représentées que par Mlle Taglioni. Elle séjourna, à diverses reprises, à Londres, à Vienne, à St-Pétersbourg et fit définitivement ses adieux au public parisien en 1844 dans une représentation à son bénéfice dont la recette s'éleva à 25,000 fr.; c'était beaucoup alors; on en parla comme on parlerait du double aujourd'hui.

Après Mlle Taglioni des étoiles de première grandeur se succédèrent à l'Opéra et y répandirent l'éclat le plus vif. Ce fut Fanny Elssler dans *le Diable boiteux* où la cachucha fit fureur, *la Gypsy*, *la Tarentule*, (1839) ; Carlotta Grisi dans *Gisèlle*, de Théophile Gautier et Adolphe Adam; Francesca Cerito dans *la Vivandière*, *le Violon du Diable*, et *Orfa* (1852); Mesdames Rosati dans *le Corsaire* de St-Georges et Adolphe Adam (1856) et Amalia Ferraris dans *l'Etoile de Messine* de Paul Foucher et Gabrielli (1860); enfin Emma Livry, l'élève de Marie Taglioni, qui débuta en 1862 dans *le Papillon*, 3 actes, de St Georges et Jacques Offenbach. Peu de temps après, à une répétition de *la Muette*, le feu prit à ses jupes de gaze. Elle mourut après d'affreuses et longues souffrances en laissant les plus douloureux regrets.

IV

Depuis quelques années le ballet est délaissé. Il ne fait plus recette et a besoin d'être appuyé d'un opéra en 3 ou 4 actes, comme *Freyschutz* ou *la Favorite*. Nous n'avons plus guère de danseuses de *primo-cartello*. Mme Sangalli est la seule que nous pourrions citer et encore, à peine a-t-elle posé la pointe de son pied léger sur notre scène qu'elle s'enfuit à l'étranger. Du reste les premiers sujets de la danse ont toujours été cosmopolites. Les capitales de l'Europe se les disputent et les possèdent tour à tour. N'est-il pas à craindre même que Paris moins que jamais ne compte d'étoiles dans son ciel chorégraphique? Les plus brillantes nous échappent et vont chercher loin de nous des admirateurs qui leur prodiguent l'or à pleines mains.

V

Si les célébrités, comme danseuses, nous abandonnent, il faut dire que, par une heureuse compensation, le danseur a disparu, Dieu merci ! Le corps de ballet se compose aujourd'hui et depuis longtemps déjà de femmes exclusivement. J'avoue que les hommes m'y paraissaient affreux et ridicules et m'y déplaisaient souverainement. Les Vestris, les Duport et les Albert ont eu le talent d'arriver à propos. Il était temps alors. Il serait trop tard à présent. Le maître à danser du Bourgeois Gentilhomme nous dit que la danse est une science à laquelle on ne peut faire trop d'honneur. Je le veux bien et ne le blâme pas trop de traiter de cuistre fieffé, d'âne bâté le maître de philosophie qui prétend que la danse n'est point un art, mais un misérable métier de baladin. Reconnaissons que la danse est un art, une science même; mais laissons-la aux grâces féminines. Pour moi, n'en déplaise à nos économistes et à nos hommes politiques, je mettrais volontiers la suppression du danseur sur nos théâtres au nombre des plus grands progrès du siècle où nous sommes.

Il y en a beaucoup qui sont contestables; celui-là ne l'est pas.

VI

Vers 1825 les ballets faisaient partie du répertoire de la Porte Saint-Martin qui fit de grosses recettes avec *Polichinelle Vampire*. Mazurier y était étonnant; mais il l'était bien plus encore dans *Jocko, ou le Singe du Brésil*, drame en 2 actes de Merle et Rochefort. *Jocko* eut deux cents représentations de suite et fit courir tout Paris. Ce fut une fureur. Les modes s'en emparèrent et tout fut mis à la *Jocko*; les robes, les chapeaux, les coiffures. L'agonie du singe mourant sur la scène faisait pleurer toute la salle. Mazurier resta peu de temps au théâtre et ne cessa d'y attirer la foule. Talma, dit-on, l'admirait, comme mime.

Voici quelques titres de ballets qui à cette époque furent représentés à la Porte Saint-Martin : *La Laitière suisse* avec Mazurier; *Almaviva et Rosine*, 3 actes, de Blache ; *le Mariage de raison*, 3 tableaux, de Coralli ; *M. de Pourceaugnac*, 2 actes.

Le corps de ballet comptait des sujets distingués et le public d'alors goûtait beaucoup la grâce et la vivacité de Mimi Dupuis qui dans *le Mariage de raison* était une charmante Madame Pinchon. Pourtant, d'après des notes que je retrouve, le ballet de M. Coralli ne valait pas à beaucoup près la jolie comédie de Scribe. Il me semble que le sujet prête peu. Mais n'ai-je pas vu à Naples l'opéra de la Vestale traduit en ballet ! C'était mortellement ennuyeux ! Désaugiers a mieux fait et l'œuvre de M. de Jony lui a fourni l'une de ses meilleures chansons. C'est bien vieux, direz-vous ? Pas le moins du monde. La gaieté ne vieillit pas. Il y a là trente couplets d'une verve étourdissante. On peut les relire aujourd'hui.

VII

En résumé il faut aux ballets ce que nous voyons aujourd'hui à l'Opéra où ils sont charmants et ne sont pas appréciés comme ils le méritent. Il leur faut de beaux décors, de riches costumes, une mise en scène étincelante. Il leur faut le ciel enflammé de l'Orient et le personnel chatoyant des *Mille et une nuits.* Les ballets ne réussissent jamais mieux que quand ils nous transportent dans le monde fantastiques des fées, des péris et des sylphides. Ils trouvent là d'inépuisables sujets et prennent mille aspects poétiques qui, tout en flattant les sens, plaisent à l'imagination.

CHAPITRE VIII

L'Opérette.

I

Dans un des chapitres précédents j'ai traité sévèrement l'opérette. Je défendais la cause de l'art et du goût. Cependant je ne veux pas me brouiller tout-à-fait avec elle et je lui reconnais une qualité qui fait pardonner bien des défauts. Elle appartient au genre gai et pourrait invoquer en sa faveur le vieux vers classique :

<small>Tous les genres sont bons hors le genre ennuyeux.</small>

Et puis son grand mérite, c'est d'être à la mode. Cinq ou six théâtres lui ouvrent leurs portes. Ses succès se traduisent par quatre ou cinq cents représentations. Que répondre à celà ? Dirais-je que l'empressement du public semble diminuer? Ce n'est qu'un moment de repos, qu'un temps d'arrêt dans la marche triomphante que poursuit l'opérette. D'autres chefs d'œuvre sans doute ne tarderons pas à succéder à *la Fille de M*^{me} *Angot*, à *la Jolie Parfumeuse* et aux *Cloches de Corneville*.

Il n'en est pas moins vrai que l'opérette a pris la place de l'opéra comique. Après Boïeldieu, Hérold, Auber, Adolphe Adam, nous avons MM. Offenbach, Ch. Lecocq, Vasseur et Planquette. Du reste les nouveaux sont des hommes d'esprit et de talent. Ils n'ont pas la prétention d'égaler les anciens. Ils se contentent de servir au public ce qui lui plaît et de gagner à cela beaucoup d'argent. Il n'y a pas autre chose à faire aujourd'hui et ils ont, ma foi, bien raison.

II

L'opérette a pris naissance en 1824 au théâtre des Folies nouvelles, boulevard du Temple. C'est aujourd'hui le troisième Théâtre-Français. MM. Laurent de Rillé, Frédéric Barbier, Hervé, Montaubry y firent représenter de petits actes sans prétention. En 1835 les Bouffes parisiens, passage Choiseul, ouvrirent sous la direction d'Offenbach qui, en peu de temps, obtint des succès nombreux, avec *les Deux Aveugles, Ba-ta-clan, Tromb-Alcazar, Croquefer, le Mariage aux lanternes, la Chanson de Fortunio* et *les Petits Prodiges* (1857). Puis en 1858 parut *Orphée aux Enfers* qui fut joué trois cents fois de suite. Léonce, Bache et surtout Désiré y étaient très amusants.

Peu à peu l'opérette grandit et se trouvant à l'étroit dans la salle Choiseul, étendit son domaine et prit possession de plusieurs théâtres. La vogue la suivit partout, aux Variétés, au Palais-Royal, à l'Athénée, à la Renaissance, aux Folies-Dramatiques.

III

Aux Variétés trois opérettes d'Offenbach eurent beaucoup de succès; *la Belle Hélène* (1864); *Barbe-Bleue* (1866); *la Gran-*

de *Duchesse de Gerolstein* (1867). Melle Schneider se fit remarquer dans ces trois pièces pour sa beauté, ses diamants, sa voix agréable (elle avait eu un second prix de chant au Conservatoire) et un peu aussi pour son talent assez original. Était-ce du talent? Elle osait beaucoup. Souvent c'était mauvais. Mais elle savait très bien que le public permet toutes les hardiesses, toutes les crâneries et, comme on dit au théâtre, toutes les cascades à une jolie femme. Par exemple quand elle cesse d'être jolie, c'est autre chose. Melle Schneider s'en est bien aperçu, quand elle a fait dernièrement une réapparition tardive dans le rôle de Chon-chon de *la Grâce de Dieu*. On a trouvé qu'il ne lui restait plus rien que ses diamants.

IV

En 1867, *la Vie parisienne*, toujours d'Offenbach, et pour les paroles de Meilhac et Halévy, eut 350 représentations de suite au Palais-Royal. La pièce est amusanté et Brasseur, Gil-Perès, Lassouche, Zulma Bouffar et Céline Montalant jouaient à merveille. *La Vie parisienne* est une des meilleures partitions d'Offenbach. Le final du 1ᵉʳ acte est d'une verve endiablée et je connais peu de duos aussi jolis que celui du tailleur et de la gantière au 3ᵉᵐᵉ acte.

Offenbach eut encore au Palais-Royal, avec Meilhac et Halévy, *le Château à Toto*. Mais ce fut bien vite un château abandonné et depuis, le Palais-Royal a renoncé à l'opérette, pour revenir au genre qui a fait sa fortune.

V

Quels sont les derniers succès d'Offenbach, le père de l'opérette? J'en vois deux encore, *la Jolie Parfumeuse* à la Renaissance, théâtre ouvert en 1873, boulevard St-Martin, et *Mᵐᵉ Favart*, jouée dernièrement aux Folies dramatiques, seulement Offenbach se répète beaucoup. Sa musique me fait penser au compliment de M.

Jourdain dans le Bourgeois Gentilhomme : « Belle marquise, vos beaux yeux me font mourir d'amour. » Comme le fait justement observer le professeur de philosophie, cela peut se dire avec les mêmes mots de dix façons différentes. C'est ce qui arrive à la musique d'Offenbach. On se lasse d'entendre la même phrase retournée vingt fois.

VI

Après Offenbach vient M. Ch. Lecocq qui a fait pâlir son étoile. *Giroflé-Girofla, la Petite Mariée, la Marjolaine* et surtout *la Fille de Madame Angot* en ont fait le compositeur à la mode. Sa musique est gracieuse, élégante, mais sans aucune originalité. Il doit écrire trop facilement et me parait faire, sans le vouloir, un heureux choix de musique prise un peu partout. Toutefois dans plusieurs opérettes de M. Lecocq on trouve quelques jolis motifs qui sont bien à lui et il serait injuste de ne pas le considérer comme un compositeur de talent. La petite Jeanne Granier, avec sa gentillesse et ses naïvetés finement étudiées, lui a été d'un bon appui.

Je ne puis citer tous les compositeurs qui forment le cortège de l'opérette, la petite reine du jour. Quoiqu'elle ait cinq ou six théâtres à sa disposition, il n'y a pas encore place pour tous et je suis sûr que bien des partitions attendent dans les cartons. *Les Deux Arlequins* de M. Jonas méritent une honorable mention. C'est un seul acte, mais très réussi. Il a de la couleur et sera certainement repris un jour ou l'autre. Il est fâcheux que la pièce soit assez niaise. Nous avons dit déjà combien les mauvaises pièces sont nuisibles aux bonnes partitions.

La Timbale d'argent de M. Vasseur a été l'un des gros succès des Bouffes Parisiens. Ici la pièce est venue en aide au compositeur, mais de quelle façon, bon Dieu! Entre autres folichonneries il y a au 1er acte des couplets.... Ah! dame, il est difficile d'aller plus loin. C'est par trop déshabillé. Pas même la feuille de vigne ! Le public mordait à la grappe, sans s'inquiéter du reste. Et puis c'était bien joué par Désiré, tout à fait drôle dans le rôle du juge Raab et par Judic, fine et spirituelle dans celui de Molda. Ses petites mines de pudeur effarouchée, ses réticences rien moins que chastes et ses sous-entendus des plus impossibles faisaient se pâmer d'aise toute la salle. La musique n'était vraiment plus qu'un accessoire.

Restent enfin *les Cloches de Corneville* qui ont tinté 500 fois de suite. L'année entière n'a pas suffi ; c'était, je crois, sans précédent. J'avoue que je n'ai pas parfaitement compris ce succès inouï. La direction elle-même, m'a-t-on dit, ne s'y attendait pas. Il n'y avait pas là d'étoiles, ni Judic, ni Jeanne Granier, ni Paola Marié. Les acteurs m'y ont paru avoir pour tout mérite de chanter sans avoir jamais appris. Enfin le fait des 500 représentations est incontestable et, s'il n'en est pas de même de la valeur de l'œuvre, cela n'a aucune importance. J'aurais grand tort de me permettre la critique la plus légère ; car il est reçu au théâtre que les meilleures pièces sont celles qui font le plus d'argent.

VII

A propos d'*Orphée aux Enfers*, quelques esprits sérieux qui toutefois ne refusent pas de s'amuser, ont blamé ces travestissement des dieux de l'Olympe en grotesques. C'est bien un peu mon avis. A quoi bon ridiculiser la mythologie et s'ingénier à tarir la source la plus abondante à laquelle ait puisé la poésie de tous les temps? Dans ce siècle essentiellement positif où la politique nous déborde, où gagner de l'argent est la grosse affaire, quand partout se dressent devant nos yeux des cheminées d'usine et retentit a nos oreilles le sifflet des locomotives, ne devrions-nous pas nous ménager quelques contrastes et faire une part aux récréations poétiques de l'esprit? L'imagination, cette folle du logis, comme l'appelle Voltaire, a ses exigences. Nous devons en tenir compte et rien ne serait plus maladroit, plus inintelligent que de tout lui refuser. Ne brisons pas les idoles dont le culte lui a été cher pendant si longtemps.

Malgré ces sages réflexions, j'avoue que Désiré m'a bien fait rire, quand dans son rôle de Jupiter (Papa Piter) il envoyait chercher des timbres-poste et disait à son entourage, où la chaste Vesta n'avait pas le moindre petit bout de rôle : « De la tenue, je vous en prie, mes enfants; l'Olympe s'en va! » Papa Piter avait raison. Et l'Iliade, le plus beau poème qui existe au monde, qu'en avons-nous fait? Moi-même, n'ai-je pas été pris d'un fou rire en voyant dans *la Belle Hélène* Agamemnon danser un cancan effréné. Faisons l'aveu de nos fautes et prenons, puisqu'il le faut, notre temps comme il est.

CHAPITRE IX

La Féerie

I

Théophile Gautier écrivait de sa plume d'or : « J'aime les féeries. Pour quelques « instants elles enlèvent aux arides et « prosaïques soucis de la réalité, les âmes « fatiguées d'une longue vie monotone ; « elles font comme une trouée d'azur « dans la pâle existence moderne et ou- « vrent des perspectives d'idéal — idéal « matériel, si l'on peut accoupler ces « deux mots — qui reculent l'horizon « borné où le regard se brise. »

Tout cela est vrai et bien dit. La féerie en effet répond avec tout le charme d'une fantaisie enjouée à cette curiosité ardente qui, au delà de la froide raison, nous pousse à la recherche des mondes inconnus. Sans doute nous ne croyons pas aux fées ; mais nous avons tous un bon nombre de menues croyances qui ne sont pas mieux fondées. Voyez au jeu, par exemple ! Que d'idées singulières fait naître le désir de gagner ! Dans *les Trente Millions de Gladiator*, une amusante folie de Labiche, les deux principaux personnages font une partie d'écarté. L'un, pour avoir la chance de son côté, ôte une manche de son habit, l'autre met ses souliers sur la table. C'est une charge, direz-vous, et peut-être ne la trouvez-vous pas bonne ; c'est possible ; mais elle repose sur une observation vraie.

II

La féerie remonte au siècle de Louis XIV. *L'Armide* de Quinault est un opéra-féerie. Au xviiiᵉ siècle nous avons *la Fée Urgèle, la Belle Arsène, Zémire et Azor* et au xixᵉ plusieurs opéras et ballets qui sont du domaine de la féerie, entre autres *Aladin, ou la Lampe merveilleuse, la Belle au bois dormant, la Filleule des Fées.* Mais dans ces différents ouvrages la féerie est primée par le chant, la danse et la musique et ne fait que fournir le sujet. Les pièces qui sont de véritables féeries, comme nous l'entendons aujourd'hui, appartiennent à notre temps et la première date du premier Empire ; c'est *le Pied de Mouton*, de Martainville (1807).

Depuis, un grand nombre de féeries ont été représentées à la Porte-Saint-Martin, au théâtre du Cirque Olympique, à la Gaîté, aux Variétés et au Théâtre du Châtelet. Voici celles qui ont eu le plus de succès :

A la Porte-Saint-Martin : *Peau d'âne*, 3 actes de Vanderburch ; — *la Biche au bois*, 4 actes des frères Cognard ; — *la Belle aux cheveux d'or*, 4 actes des mêmes ; — *les Sept Merveilles du monde*, 5 actes de Dennery ; — *Cendrillon*, 5 actes de Clairville.

Au théâtre du Cirque Olympique : *Les Pilules du Diable*, 4 actes (1839) d'Anicet Bourgeois ; — *la Chatte blanche*,

3 actes 22 tableaux (1852) des frères Cognard ; — *la Poudre de Perlinpinpin*, 3 actes 20 tableaux (1853) des mêmes. — *Turlututu, chapeau pointu*, 4 actes 30 tableaux (1858) de Clairville.

A la Gaîté : *Le Petit homme rouge*, 4 actes de Pixérécourt et Simonin ; — *les Sept Châteaux du Diable*, de Dennery ; — *la Poule aux œufs d'or*, 5 actes de Clairville.

Aux Variétés : *Les Bibelots du Diable*, 3 actes de Clairville.

Au Théâtre du Châtelet : *Paris-Revue*, 4 actes (1870) de Clairville.

III

La féerie ne paraît pas avoir fait le moindre progrès. En fait de trucs, depuis *les Pilules du Diable*, c'est-à-dire depuis quarante ans, c'est toujours la même chose. On n'a rien trouvé de nouveau. L'imagination de nos machinistes serait-elle donc épuisée ? Les décors sont toujours très beaux, la mise en scène splendide et les ballets trop longs. On chante beaucoup aussi. Mais le bruit qui se fait dans les coulisses empêche d'entendre. Comme c'est le plus souvent mal chanté, le public n'y perd rien et attend patiemment. Cela traîne un peu ; il faut le temps de préparer les tableaux, les changements à vue.

Acteurs et actrices ne comptent guère dans une féerie. Il y avait pourtant au théâtre du Cirque Olympique un gros bon homme qui m'amusait bien, c'était Lebel, un excellent roi de féerie, le roi Migonnet dans *la Chatte blanche*, le roi Courte-botte dans *la Poudre de Perlinpinpin*, le roi Mistenflute II dans *Turlututu, chapeau pointu*. Je l'entends encore avec sa grosse voix qui remplissait toute la salle. Dédaigneux des nuances, il disait tout sur le même ton. Il ne décolérait pas : « Voilà dix-sept princesses dont j'ambi- « tionne la main, s'écriait-il avec rage, « dans *la Chatte blanche*, et pas une ne « veut de moi ! Et cependant ceux qui

« m'entourent me trouvent très bien. Il
« est vrai que s'ils s'avisaient de me
« trouver mal, ils s'en trouveraient moins
« bien. » Et plus loin : « Où est l'ambas-
« sadeur ? »

Le prince Fidèle, s'inclinant : « Sire.... »

Le roi Migonnet : « C'est toi, jeune
« Marmouzet. Eh bien, explique-toi....
« que me veut cet idiot de Matapa ? »

Le prince Fidèle : « Sire, le roi mon
« maître n'est point un idiot.

Migonnet : « Ça dépend de la manière
« de voir..... »

Lebel était réellement d'un naturel
parfait et d'une brutalité fort drôle dans
ce rôle du roi Migonnet. Aimé du public,
il ne fut cependant pas apprécié comme
il le méritait. Pour moi, peu de comiques
m'ont fait aussi franchement rire que
Lebel. Mais qui donc s'en souvient aujourd'hui !

IV

La féerie fait naturellement penser

aux contes de Perrault. C'est curieux de voir tout ce que Charles Perrault, le frère de Claude Perrault, le grand architecte, a fourni au Théâtre. Quant il publia ses contes en 1697, sous le titre de *Contes de ma mère l'Oie,* ou *Histoire du temps passé,* il ne pensait nullement à les mettre au théâtre et il mourut en 1703 sans que personne y eût pensé non plus. Depuis on en a fait des opéras, des ballets, des féeries, des vaudevilles et si Perrault, renouvelant l'exemple d'Abraham et de Mathusalem, vivait encore, il aurait réalisé une jolie fortune avec sa part obligée de collaboration. Ses droits d'auteur auraient certainement atteint plusieurs centaines de mille francs.

Voyez donc ! on s'est servi de huit de ses contes sur dix : *Le Petit Chaperon rouge, la Barbe-bleue, le Maître chat, ou le Chat botté, la Belle au bois dormant, Cendrillon ou la petite pantoufle de verre, Riquet à la houppe, le Petit Poucet* et *Peau d'âne.*

On a fait du *Petit Chaperon rouge* :

Un opéra-comique, l'une des plus charmantes partitions de Boïeldieu, un mélodrame, quatre vaudevilles.

De *Barbe-bleue* : Un opéra-comique, de Sédaine et Grétry ; une opérette d'Offenback, un mélodrame, un vaudeville, une pantomime.

Du *Chat botté :* une féerie, un mélodrame, deux vaudevilles.

De *la Belle au bois dormant* : un opéra-comique, de Planard et Carafa ; un ballet-féerie, de Scribe et Hérold ; un mélodrame, trois vaudevilles.

De *Cendrillon* : une comédie, en 5 actes, de Th. Barrière ; un opéra comique, d'Etienne et Nicolo ; une féerie, un ballet, deux vaudevilles.

De *Riquet à la houppe* : un mélodrame, un vaudeville.

Du *Petit-Poucet :* un mélodrame, un vaudeville, en 3 actes, de Dumanoir et Clairville ; une pantomime.

De *Peau d'âne* : un opéra-comique, une

féerie, un mélodrame, un vaudeville.

Ajoutons encore une féerie en 5 actes de Clairville et un vaudeville de Scribe sous le titre de *Contes de la mère l'Oie*.

Ainsi voilà quarante pièces, et j'en oublie sans doute, pour lesquels Perrault aurait touché des droits d'auteur. Quelques-unes ont compté des centaines de représentations et *Cendrillon* à elle seule en opéra-comique, en ballets et surtout en féerie, a dû rapporter une somme énorme. Les auteurs de notre temps en ont profité. Mais ces emprunts n'en font pas moins le plus grand honneur à Ch. Perrault. Quand il fit ses contes ingénieux, si naïfs et si spirituels à la fois, comme le Chat botté, une perle, un petit chef-d'œuvre en huit pages, il ne se doutait pas du brillant avenir qui les attendait et était bien loin de croire qu'ils immortaliseraient son nom.

CHAPITRE X

Les Revues, les Parodies, la Pantomime

I

LES REVUES

Ce n'est qu'après 1830 que les revues ont fait leur entrée sur nos scènes parisiennes. On en a donné beaucoup depuis. Celle qui fut jouée à la Porte Saint-Martin sous le titre de *1841 et 1941,* des frères Cognard, fut un grand succès. Le Palais-Royal vivait trois mois avec sa revue de fin d'année. C'était une recette assurée qui donnait le temps de préparer d'autres pièces.

Je n'ai presque rien à dire des revues. Tout le monde sait qu'elles sont faites dans le même moule. Ce sont les curiosités de l'année, les découvertes, les inventions qui, sous des figures allégoriques, passent successivement sous les yeux du public et s'arrêtent quelques minutes devant la rampe pour chanter force couplets, rondos, chœurs, etc. Le chant tient plus de place que le dialogue et Dieu sait si le plus souvent les oreilles délicates s'en trouvent bien. Cela se termine par des parodies partielles de récents succès dramatiques et par des imitations qui sont toujours très-bien accueillies.

Dans les revues la troupe se multiplie. Un seul acteur, une seule actrice jouent trois ou quatre rôles. Les motifs ne manquent jamais. Chaque année en fournit une variété suffisante, par la grande raison généralement admise que les années se suivent et ne se ressemblent pas. Quand apparaît une comète, elle est sûre d'y figurer et le rôle est recherché à cause du costume tout brillant de paillettes; il n'y en a jamais assez.

Le titre d'une revue n'est pas une question insignifiante. il faut lui donner un certain cachet. Il faut qu'il saute aux yeux sur l'affiche. Les auteurs le savent bien et en ont trouvé parfois d'assez réussi, comme par exemple : *Les Binettes contemporaines, Sans queue ni tête, la Caricature, les Pommes de terre malades, les Crapauds immortels, Ohé, les petits agneaux*, de Clairville, l'improvisateur-chansonnier. Il ne parlait qu'en couplet. C'était plus fort que lui. Aussi en bourrait-il ses revues. J'en ai compté plus de soixante dans une seule.

Clairville était le grand pourvoyeur du Palais-Royal et des Variétés pour ce genre de fourniture. Pourtant les beaux jours des revues me semblent à peu près finis. Le public ne s'en soucie plus guère. On en donne encore; mais elles ne tiennent pas longtemps sur l'affiche. Et puis Clairville est mort. C'est une grande perte pour la revue et comme tout passe, elle mourra elle-même avant de le remplacer.

II

LES PARODIES

La parodie date en France du xviie siècle. Mais on pourrait dire qu'elle remonte à l'antiquité. Aristophane, avec sa verve mordante en a fourni plus d'un modèle. Il est incontestable que notre tempérament d'esprit ressemble à celui des Athéniens, même par ses mauvais côtés. Nous en trouvons de nombreux exemples dans les onze comédies d'Aristophane qui nous sont parvenues entières sur les cinquante quatre qu'il a fait représenter. Souvent il poussait la parodie jusqu'à la caricature et dans ses plaisanteries sans voile la liberté du langage est telle que notre théâtre, malgré la meilleure volonté du monde, n'a jamais pu en approcher.

Mais cette intéressante question des liens qui existent entre l'atticisme et l'esprit français nous mènerait trop loin et nous écarterait de notre sujet. Nous y rentrons en disant quelques mots des parodies qui ont été jouées au xix° siècle. Nous n'en avons qu'un petit nombre à citer et ne pouvons nous occuper de celles qui ont vécu peu de jours et sont complètement oubliées.

III

En 1820 *les Petites Danaïdes* de Désaugiers eurent un énorme succès. La même année, au même théâtre on donna *Cadet Roussel Prócida,* un des vingt-quatre Cadet Roussel qui ont paru sur les scènes parisiennes. C'était la parodie des *Vêpres Siciliennes,* de Casimir Delavigne.

Nous avons eu en 1829, *Cricri et ses Mitrons,* parodie *d'Henry III,* d'Alexandre Dumas ; en 1830, *Hernali* ou *la Contrainte par cor,* parodie d'*Hernani,* jouée par Arnal, Lepeintre jeune et Suzanne Brohan ; puis assez récemment *Paul faut rester,* parodie de *Paul Forestier,* et *le Petit Faust* d'Hervé.

On pourrait mettre au nombre des parodies *Orphée aux Enfers* et *la Belle Hélène*.

Nous avons dit aussi qu'il y avait dans les revues une place pour la parodie. C'est peut-être le meilleur emploi qu'on en puisse faire. Quelques scènes suffisent pour ce genre d'ouvrage, qu'il serait permis de traiter avec sévérité, parce qu'il offre une nourriture malsaine à l'esprit. Une parodie formant une pièce entière est toujours trop longue. On n'en fait presque plus.

IV

LA PANTOMIME

Les Romains raffolaient de la pantomime. Sous les empereurs, Pylade et Bathille furent des mimes célèbres. On comprend que dans les théâtres antiques qui, pour la plupart étaient très vastes, le geste pouvait remplacer avantageusement la parole. En effet il devait être difficile de se faire entendre dans des théâtres comme celui de Marcellus à Rome et de Taormina en Sicile, qui contenaient près de trente mille spectateurs.

Qu'une légère digression me soit permise pour retracer le souvenir que m'a laissé le théâtre de Taormina. Je n'ai pas vu de plus belles ruines. Quelle splendide situation au pied du Mont-Etna ! Assis sur ses gradins rongés par les siècles, entouré de colonnes de marbre et de granit éparses çà et là, quel magique décor j'avais devant moi ! Cîmes neigeuses, forêts séculaires, rochers aigus de granit rouge, vignes parsemées d'oliviers, champs fleuris descendant jusqu'à la mer, immense horizon de flots bleus et le soleil de la Sicile pour éclairer ce magnifique tableau !

V

Revenons à notre temps et pour éviter la prolixité, ainsi que le recommande à

Sganarelle le docteur Pancrace, ne craignons pas de passer sans transition du théâtre de Taormina à celui des Funambules qui'il y a vingt ans était un des moins beaux ornements du boulevard du Temple. La salle était laide et malpropre ; ça sentait mauvais. Mais un mime d'un grand talent dont le nom est resté, fit pendant au moins quinze années la fortune de ce petit théâtre. Déburau, sous les traits enfarinés du simpiternel Pierrot, se fit admirer de tout Paris. Le monde élégant vint à ses représentations. C'était vers 1830 et la vogue de Déburau fut de longue durée. Nos célébrités littéraires y contribuèrent beaucoup. Charles Nodier le prônait comme un artiste de génie. Jules Janin eut la fantaisie d'écrire sur Déburau tout un volume que je n'ai pas lu, et bien d'autres ont fait comme moi. Georges Sand l'admirait. Enfin : « Déburau, a dit Théophile Gautier, est un acteur comme Frédéric, Talma, Melle Mars et Mme Dorval. » Il y eut là de l'engouement et ces éloges exagérés ont terriblement vieilli.

J'ai vu plusieurs fois Déburau. Il était excellent dans *les 26 infortunes de Pierrot.* Sa physionomie extrêmement fine avait une mobilité sobre et contenue qui avec des riens, un clignement d'yeux, un pli de la bouche, disait tout et provoquait des fous rires. Il vous détachait un coup de pied sans que jamais celui qui le recevait pût se douter d'où il était parti. Enfin le grand effet comique, c'était d'allonger la figure, d'ouvrir la bouche toute grande, de se mettre la main sur le ventre en faisant une légère grimace arrachée par la douleur. Pierrot avait la colique et vite disparaissait dans la coulisse.

Cela faisait rire. Mais remarquez qu'il en était de même au Théâtre-Français qu'au petit théâtre des Funambules, quand au premier acte du Malade imaginaire Argan dit à Toinette: « Donnez-« moi mon bâton; je vais revenir tout-à-« l'heure. — Allez vite, répond Toinette, « allez. M. Fleurant vous donne des

« affaires. » Puis quelques minutes après Argan rentre en scène avec un air de contentement qui met la salle en gaieté. Après Molière on peut bien parler de Labiche. La parenté me semble incontestable. Je trouve une hardiesse des plus drôles dans une de ses bonnes fantaisies, *la Perle de la Cannebière:*
« Antoine ! Dans mon salon ! dit M. Beau-
« tendon à son domestique qui vient d'é-
« ternuer—Oh ! Monsieur il fallait que ça
« parte !—Mon ami, je sais que la nature
« ...et loin de moi la pensée de déverser le
« blâme sur cette bonne mère.... je sais
« que la nature a cru devoir nous affli-
« ger de certaines calamités dont gémissent
« les convenances.... Mais elle a permis
« qu'on en sentît les approches... et alors...
« — Quoi qu'on fait, Monsieur ? — On
« prend la clé de sa chambre, on va s'y en-
« fermer... On y paye son tribut, le plus
« silencieusement possible... après quoi
« on rentre dans le sein de la société
« avec le calme sourire d'une conscience
« qui a fait son devoir ! »

Sans doute il ne faut pas abuser de ce genre de plaisanterie. Mais n'en pas vouloir serait peut-être se montrer trop sévère. Il a parfois sa place au foyer de la famille, au milieu de joyeux enfants et ne s'écarte pas au théâtre de la condition ardue que Molière impose à la comédie, celle de faire rire les honnêtes gens.

VI

Après Déburau la pantomime vécut encore quelques années, grâce à ses dignes successeurs, Charles Déburau, son fils et Paul Legrand qui, sans l'égaler, avaient beaucoup de talent. Puis le théâtre des Funambules se trouva compris dans les démolitions qui ont fait place au boulevard actuel et depuis, il n'a plus été question de la pantomime dont Pierrot, Cassandre, Arlequin et Colombine faisaient tous les frais.

VII

Je regrette l'ancien boulevard du Temple et le nouveau ne me l'a pas fait oublier, à beaucoup près. Je suis loin de méconnaître les embellissements qui ont fait de Paris la plus belle ville du monde. Mais enfin sérieusement je regrette l'ancien boulevard du Temple et ses théâtres, la Gaîté, les Folies Dramatiques, le Cirque Olympique, les Délassements comiques, les Funambules, le petit Lazari et même Curtius. Je les vois encore occupant une ligne légèrement cintrée devant un vaste espace rayé de cinq ou six rangées d'arbres. Quelle animation le soir ! J'allais quelquefois, le dimanche, vers quatre heures, voir les cinq ou six queues formidables, quelques-unes longues de cent mètres, gigantesques serpents qui se déroulaient, en se repliant jusqu'à trois ou quatre fois, surtout devant les théâtres où l'on jouait deux gros mélodrames en cinq actes, par exemple : *Il y a seize ans* et *le Sonneur de St-Paul*. Pendant une heure, ce monstre grossissant toujours, s'agitait sur place en grondant ; tout à coup il se mettait en mouvement, s'avançait vers d'étroites barrières entre lesquelles il s'allongeait en s'amincissant, puis s'élançait impétueusement dans un trou noir où il disparaissait bientôt tout entier; c'était le vestibule du théâtre dont le fond était occupé par un bureau orné de trois contrôleurs et les côtés par des escaliers crottés conduisant aux différentes places de la salle.

Devant ces théâtres qui avaient chacun leurs deux ou trois cafés, le boulevard était gai, éclatant de lumières, émaillé de marchands de coco agitant leurs clochettes et d'une foule de petites boutiques en plein vent, toutes brillantes d'appareils éclairants de toutes les sortes, lampes, chandelles, lanternes multicolores, et offrant aux jeunes ouvrières, aux grisettes (il y en avait encore en ce temps-là) toujours affamées, toujours altérées, des gaufres, des échaudées, du pain d'épice, des chaussons aux pommes, des oranges, de la limonade, de l'orgeat, des glaces à deux sols. Les libéralités auxquelles donnait lieu cette vente de grosse pâtisserie favorisaient puissamment les amourettes et étaient cause de joyeuses fautes que tout ce petit monde ne demandait pas mieux que de commettre.

Mais ce sujet d'observation me conduirait trop loin, et je reviens à nos théâtres. Une fois toutes les salles pleines s'il n'y avait plus sur le boulevard que quelques promeneurs regardant l'affiche, hésitant sur l'emploi de leur soirée, on sentait que la foule était là, à côté, et qu'au premier entr'acte elle allait faire irruption. En effet vingt fois dans la soirée ces flots, se précipitant de différents théâtres, inondaient le boulevard. Les cafés s'emplissaient, les marchands des petites boutiques criaient tous à la fois, les marchands de coco réagitaient leurs sonnettes; c'était un tohu-bohu de quelques minutes, et tout cela jusqu'à minuit, où le bruit faisait place au silence pour recommencer le lendemain.

CHAPITRE XI

I

En parcourant les chapitres qui précèdent, il est facile de reconnaître que de profonds changements sont survenus successivement dans les théâtres de Paris depuis le commencement du siècle. Le titre même de quelques-uns n'a aujourd'hui aucun rapport avec les pièces qu'on y représente. Le Vaudeville, par exemple, ne joue plus de vaudevilles. Il y a bien des années qu'on n'y a entendu un seul couplet. Il en sera de même avant peu de temps de l'Opéra-Comique dont le titre n'appartiendra plus qu'au passé, quand on se lassera de donner des opéras comiques nouveaux qui, sans être mauvais, n'attirent plus personne après dix représentations.

II

Donc le couplet est mort, bien mort, et par suite tout se trouve changé aux Variétés, au Gymnase, non moins qu'au Vaudeville. Aux Variétés, dans les pièces du bon vieux temps on comptait pour un acte jusqu'à vingt couplets sur des timbres différents. C'était l'air de *Lantara*, de *Partie et revanche*, du *Charlatanisme*, de *la Famille de l'Apothicaire*, de *la Robe et les Bottes*, etc., etc. A chaque instant l'orchestre procédait à la ritournelle. Le public était ainsi tenu en éveil et souvent demandait *bis.* Il y avait les couplets de facture, et surtout le vaudeville final où chacun des personnages de la pièce chantait un couplet fait à sa taille. On avait ainsi le couplet sentimental, le couplet comique, le couplet patriotique où la gloire de nos armes avait sa part, le couplet politique, autant que le permettait la censure, où les hommes du jour étaient légèrement égratignés. Celui-là, on ne manquait jamais de le redemander. Cela finissait par l'indispensable couplet au public (1). C'était presque toujours la jeune première qui le lui adressait en le ponctuant de ses plus gracieux sourires.

D'ordinaire les couplets du vaudeville final se terminaient tous par le même mot. Ainsi c'est *Quarantaine* dans *la Quarantaine*, *Charlatanisme* dans *le Charlatanisme*, *Testament* dans *l'Héritière*, *Premières amours* dans *les Premières Amours*. Ce sont les mots *pécher par ignorance* dans *la Famille de l'Apothicaire* de Duvert et Varin, et Arnal disait très drôlement le couplet suivant:

> Pour me distraire, un beau matin,
> En promenant ma rêverie,
> Au fond du Canal Saint-Martin
> Je tombai par étourderie.

---

(1) Aujourd'hui encore le couplet au public fleurit en province, et quand les acteurs de Paris vont y donner des représentations, il leur faut le couplet au public. Ils le demandent aux auteurs pour les pièces qui n'en ont pas.

Après avoir fait maint plongeon,
On me repêche, et quelle chance!
Dans ma poche se trouve un goujon;
J'avais péché par ignorance.

On reconnaît bien là l'esprit fantaisiste de Duvert !

III

Aujourd'hui il n'est plus question de cela. On n'a pas seulement supprimé les couplets ; on supprime les musiciens et leur place, dans plusieurs théâtres, est livrée au public, pour peu qu'une pièce ait du succès.

Je ne dis pas que la suppression du couplet soit blâmable et je signale un changement plutôt que je n'exprime un regret. Mais n'aurait-on pas quelque raison de dire que si l'on ne fait plus de vaudevilles, on ne fait pas davantage de comédies, même au Théâtre-Français ? Sans doute la comédie n'est pas tout à fait morte, comme le vaudeville ; mais elle ne peut guère marcher seule pendant plus d'un acte ou deux. Au delà elle a besoin de s'appuyer sur le drame. C'est peut-être de la faute du public. Pour lui plaire, pour captiver son attention, il semble devenu nécessaire dans les ouvrages en cinq actes, de recourir, après les premiers actes, aux grosses situations et de quitter le ton de la comédie pour prendre celui du drame. Je pourrais en fournir de nombreux exemples. Sans cet alliage, point de succès de cent représentations et plus. Or c'est là ce que veulent nos auteurs. En conscience on ne saurait les blâmer.

IV

Il est un point sur lequel le présent a sur le passé un incontestable avantage; je veux parler de nos orchestres qui, en très grand nombre, sont excellents aujourd'hui. Il n'en était pas de même il y a trente et quarante ans et je me souviens d'avoir plus d'une fois trouvé par trop médiocre l'orchestre de l'Opéra-Comique. L'exécution musicale a fait depuis de grands progrès. Nous n'avons pas aujourd'hui un théâtre d'opérettes où l'orchestre ne soit très bon, jusqu'à celui des Folies-Bergère. Il est vrai qu'il était fort bien dirigé il y a quelques années par Olivier Métra. En dehors du théâtre, je pourrais citer avec éloge les concerts des Champs-Elysées, du Jardin d'Acclimatation, mais surtout les concerts Pasdeloup qui, je le répète, font véritablement honneur au temps où nous sommes.

Nous reconnaissons donc volontiers que sur cette partie de l'art musical le niveau s'est considérablement élevé. C'est incontestable. Nous avons maintenant cent musiciens de talent pour un qu'on avait autrefois. Il en résulte que la bonne exécution instrumentale s'est généralisée et nous ne saurions trop applaudir à un tel état de choses. Mais ce qui est vrai aussi, c'est qu'autrefois l'excellent existait; il n'a pas été, il ne pouvait pas être dépassé. L'orchestre des concerts du Conservatoire, celui de l'Opéra sont restés ce qu'ils étaient il y a cinquante ans, la perfection même ; seulement le nombre des bons exécutants est tout à l'avantage du temps présent et il lui est permis de s'en faire gloire.

V

Nous avons toujours eu des peintres-décorateurs de beaucoup de talent et sous ce rapport je ne vois aucune différence appréciable entre le passé et le présent. Les successeurs des Ciceri, des Philastre et des Cambon nous font admirer aujourd'hui de très beaux décors. Mais cela n'est pas supérieur à ce qui a été fait pour *la Muette de Portici*, *Robert le Diable* et *la Sylphide*. J'aime médiocrement les effets qu'on obtient avec la lumière électrique. Ils ne peuvent donner que des aspects faux. C'est bon pour les féeries ; mais il est juste de dire que nos salles de spectacle sont beaucoup mieux éclairées qu'autrefois. Au XVIIIe siècle on avait des chandelles. L'éclairage à l'huile qui en 1784 les a remplacées avantageusement a duré jusqu'en 1822 et, à son tour, a cédé la place à la lumière éclatante du gaz. Ce fut à la première du du *Mariage de Figaro*, le 27 avril 1784, qu'au Théâtre Français les chandelles de la rampe furent remplacées par des quinquets. Ce fut à la première *d'Aladin*, ou *la Lampe Merveilleuse*, le 6 février 1822, que la salle de l'Opéra fut pour la première fois éclairée au gaz. Les autres théâtres ne tardèrent pas à faire comme l'Opéra.

Toutefois je me souviens qu'on avait peur du gaz alors. On craignait les accidents. On citait de terribles explosions. Comme toute invention qui crée une industrie au préjudice d'une autre, le gaz avait ses détracteurs qui faisaient courir de mauvais bruits sur son compte. Il a fait son chemin depuis; mais c'est à son tour à redouter une puissante rivale, la lumière électrique. Bien qu'elle nous éblouisse passablement les yeux et qu'elle passe un peu trop vite du rouge au blanc et du bleu au jaune, ce n'est plus pour elle qu'une question de perfectionnement. Aussi n'est-il pas impossible qu'avant la fin du siècle des appareils électriques éclairent nos salles de spectacle qui, depuis 1780, se seraient servies de quatre modes d'éclairage: la chandelle, l'huile, le gaz et la lumière électrique.

VI

Ces améliorations successives ont profité à la mise en scène. Elle a fait de sensibles progrès au Gymnase, au Vaudeville, un peu partout, et notamment aux Français. L'illusion y gagne beaucoup. Elle se rapproche de la vérité à ce point qu'on en viendrait à oublier qu'on est au théâtre et à croire que ce qui se passe sur la scène n'est pas une imitation, mais la réalité même.

VII

Voilà donc quelques points de comparaison où le présent l'emporte sur le passé. Ajoutons que depuis quelques années, Paris est justement fier de montrer son théâtre de l'Opéra, le plus beau qui soit dans le monde entier. Seulement pour y entrer c'est un peu cher. Il en est de même pour les autres théâtres où le prix des places a doublé depuis soixante ans. Il est vrai que la valeur de l'argent a diminué dans la même proportion. Si encore on était commodément placé! Mais non. Nos salles de spectacle sont magnifiquement dorées. Elles resplendissent de lumière. Des huissiers à la chaîne d'argent se promènent dans les couloirs. L'ancien type de l'ouvreuse de loge a complètement disparu. Mais dans ces belles salles à colonnes corinthiennes, où sur les avant-scènes, sur les balcons, sur les galeries, tant d'or, comme dit Trissotin, se relève en bosse, on a négligé une seule chose, c'est de ménager la place rigoureusement nécessaire à chaque spectateur. Messieurs les Directeurs ont pensé sans doute qu'au spectacle nous n'avons besoin que de nos yeux et de nos oreilles et ne se sont pas occupés du reste. La recette s'en trouve bien. Le public n'est pas content ; mais il vient, c'est l'essentiel.

VIII

En effet, depuis quelques années surtout, nos théâtres ont, pour la plupart, réalisé de belles recettes. Ainsi je lis dans *le Bulletin de la Société des Auteurs et Compositeurs dramatiques* qu'en treize années, du 1er mai 1865 au 31 mars 1878, les droits d'auteur se sont élevés pour les théâtres de Paris, à 18,771,245 francs. Or comme ils représentent le dixième de la recette brute, cela forme le total de 187,712,450 à répartir entre les vingt théâtres qui, chaque soir, ouvrent leurs portes au public ; c'est une moyenne d'environ 14,500,000 francs par année sur lesquels toutefois il faut déduire vingt pour cent, d'abord dix pour cent pour droits d'auteur, puis même somme pour le droit des pauvres que les directeurs trouvent naturellement trop élevé. Reste donc un chiffre très respectable de 11 millions 600,000 francs.

Quelle différence avec ce qui se passait vers 1810! Tout est plus que doublé depuis ce temps. Paris avait alors 800,000 habitants. Il en a aujourd'hui 1,900,000. Paris avait dix ou douze théâtres; il en a plus de vingt. On va bien plus au spectacle qu'autrefois et l'affluence qui s'y porte est en grande partie causée par les chemins de fer amenant chaque jour, de la province et de l'étranger des milliers de personnes qui, pour la plupart, vont chercher dans nos théâtres l'emploi de leur soirée. Cela compose un public peu difficile à contenter. La grande affaire pour une pièce, c'est d'avoir les feuilletons pour elle. Sans être des meilleures, elle fera recette, à moins que la neige ne couvre les rues ou que le thermomètre ne monte au-dessus de 20 degrès. C'est une question de température. Et je ne compte pas tous ceux qui vont au spectacle, quoi qu'on donne, et qui ne regardent pas même l'affiche! Autrefois chaque théâtre avait son public. C'était presque autant de juges qu'il fallait satisfaire, et non, comme aujourd'hui, des desœuvrés qui veulent qu'on les amuse et ne sont pas exigeants sur le choix des moyens.

IX

Nous n'avons pas besoin de consulter l'histoire pour bien savoir que sous beaucoup d'aspects, la seconde moitié d'un siècle ne ressemble jamais à la première. C'est la conséquence inévitable de l'action du temps. Notre théâtre ne pouvait y échapper et je ne saurais dire si les arts qui en font le charme y ont perdu ou gagné. Mais ce qui est certain, c'est que les théâtres de Paris seront toujours le point de mire du monde entier; c'est qu'il s'y fera toujours une grande dépense d'esprit; c'est qu'on y aura toujours, pour le faire valoir, des interprètes de talent. Que le niveau de l'art s'élève ou s'abaisse, Paris n'a rien à craindre. Il continuera à occuper la première place, quelle que soit la situation que nous fera un avenir inconnu.

FIN

TABLE

			Pages
Introduction			v
Chapitre	Ier	La Tragédie, le Drame.	1
—	II	La Comédie	17
—	III	L'Opéra français.	36
—	IV	L'Opéra italien	55
—	V	L'Opéra comique	68
—	VI	Le Vaudeville.	108
—	VII	Les Ballets.	172
—	VIII	L'Opérette.	183
—	IX	La Pantomime *La Féerie*	193
—	X	Les Revues, les Parodies, la Pantomime.	201
—	XI	Conclusion.	215

Compiègne. — Imp. Henry Lefebvre, 31, rue Solférino.

EN VENTE CHEZ LES MÊMES ÉDITEURS

Format in-18 jésus

CLÉSAR BLAZE. *Le Chasseur au chien courant*, 2 vol.	7 »
— *Le Chasseur conteur.* 1 vol.	3 50
— *Le Chasseur au chien d'arrêt.* 1 v.	3 50
L. BLOY. *Propos d'un Entrepreneur de démolitions.* 1 vol.	3 50
Ch. BUET. *Contes ironiques*, illustrés par ALEX. LUNOISSE. 1 vol.	3 50
E. CADOL. *Cathi.* 1 vol.	3 50
E. CARJAT. *Artiste et citoyen*, poésies. 1 vol.	3 50
ROBERT CAZE. *L'élève Gendrevin.* 1 vol.	3 50
— *La grossesse d'Ursule.* 1 vol.	3 50
— *Désillusions.* 1 vol.	3 50
— *Grand'mère.* 1 vol.	3 50
COQUELIN CADET. *Le Livre des convalescents*, illustré par HENRI PILLE. 1 vol. in-8° vélin.	20 »
Ad. CORTHEY. *Les Vieillards de Paris.* 1 vol.	3 50
L. de COURMONT. *Feuilles au vent*, poésies. 1 vol. in-8° vélin, orné d'eaux-fortes et de nombreux dessins hors texte.	20 »
Ch. CROS. *Le Coffret de santal*, poèmes et fantaisies en prose. 1 v.	3 50
Ed. DESCHAUMES. *L'Amour en boutique.* 1 vol.	3 50
L. DESPREZ. *L'Évolution naturaliste.* (C. Flaubert, les Goncourt, M. A. Daudet, M. E. Zola. Les Poètes. Le Théâtre). 1 vol.	3 50
H. DESNAR. *Le Secret de Sabine.* Dessin de J. WORMS. 1 vol.	3 50
J. DUFLOT. *Dictionnaire d'amour.* Études physiologiques. 1 vol.	3 »
E. DURANDEAU. *Civils et militaires*, avec une préface de TH. DE BANVILLE. 1 vol. orné de dessins sur bois.	3 50
G. DUVAL. *Vieille Histoire.* 1 vol.	3 50
E. du FAYL. *L'Opéra*, 1669-1878. 1 vol. in-32 avec plans.	3 »
L. FRÉVILLE. *Nouveau traité de récitation et de prononciation.* 1 v.	3 »
B. G. de GENOUILLAC. *Les Quatre Manières de les aimer.* (En les respectant, en les séduisant, en les tuant, en les épousant.) 1 vol.	3 50
— *Comment elles agissent.* 1 vol.	3 50
M. JOUANNIN. *Neuf et dix.* Préface de FRANÇOIS COPPÉE, de l'Académie Française. 1 vol.	3 50
— *La grève de Penhoat.* 1 vol.	3 50
J.-B. LAGLAIZE. *Fantoches d'opéra.* Préface de CH. MONSELET. Dessins de LUDOVIC. 1 vol.	3 50
— *Figurines dramatiques*, roses et épines de la vie théâtrale. 1 vol.	3 50
Ed. LEPELLETIER. *L'Amant de cœur.* 1 vol.	3 50
— *Les morts heureuses*, avec une préface par ALPH. DAUDET. 1 vol.	3 50
Ch. LEROY. *Guide du Duelliste indélicat.* Dessins d'UZÈS. 1 vol.	3 50
Ch. LE SENNE. *Code du théâtre.* 1 vol.	3 50
Alph. LEVEAUX. *Le théâtre de la Cour à Compiègne, pendant le règne de Napoléon III.* 1 vol.	3 50
P. MAHALIN. *Les Jolies Actrices de Paris.* 4 volumes à	3 50
— *Caprice de princesse.* 1 vol.	3 50
— *Au bout de la lorgnette.* 1 vol.	2 50
— *Le Fils de Porthos.* 2 vol.	7 »
— *La Belle Limonadière.* 1 vol.	3 50
— *La Reine des Gueux.* 1 vol.	3 50
— *L'Hôtellerie sanglante.* 1 vol.	3 50
— *La Fiancée de Lagardère.* 2 vol.	7 »
J. de MARTHOLD. *Contes sur la branche*, illustrés par E. MAS. 1 v.	3 50
— *Théâtre des Dames.* 1 vol.	3 50
A. MILLANVOYE et A. ÉTIÉVANT. *Les Coquines.* 1 vol.	3 50
P. MILLIET. *De l'origine du théâtre à Paris*, 1 vol. in-32.	3 »
E. de MOLÈNES. *Palotte.* 1 vol.	3 50
— *Le Grand Bouge.* 1 vol.	3 50
— *Desclée*, biographie et souvenirs.	3 50
— *La Jambe d'Irma.* 1 vol.	3 50
— *La Dernière Héloïse.* 1 vol.	3 50
— *Le Domino bleu.* 1 vol.	3 50
— *Histoires amoureuses et Récits fantastiques.* 1 vol.	3 50
Ch. MONSELET. *Une Troupe de comédiens.* 1 vol.	3 50
G. NADAUD. *Théâtre de fantaisie.*	3 50
— *Chansons à dire.* 1 vol.	3 50
L. de NEUVILLE. *Comédies de château.* 1 vol.	3 50
NICOLARDOT. *L'Impeccable Théophile Gautier et les Sacrilèges romantiques.* 1 vol.	2 »
ORDONNEAU, NADAUD et VERCONSIN. *Théâtre des familles.* 1 vol.	3 50
A. PAËR. *Contes à Zola.* 1 vol.	3 50
PONTSEVREZ. *On va commencer.* 1 vol.	3 50
A. PUGIN. *Figures d'opéra-comique* (Mme Dugazon, Ellevion, les Gavaudan). Eaux-fortes par MASSON	5 »
SAYNÈTES ET MONOLOGUES. Recueil de comédies de salon par différents auteurs. 8 vol. à	3 50
J. TRUFFIER. *Sous les frises*, poésies. 1 vol.	2 50
J. TRUFFIER et L. CRESSONNOIS. *Trilles galants pour nos gracieuses camarades.* Un vol. précédé d'une préface de TH. DE BANVILLE.	3 50
A. VITU. *Molière et les Italiens.* Une brochure in-8°.	1 50

Compiègne. — Imprimerie HENRY LEFEBVRE, rue Solferino, 31.

www.ingramcontent.com/pod-product-compliance
Lightning Source LLC
Chambersburg PA
CBHW070630170426
43200CB00010B/1962